Governança corporativa

GESTÃO EMPRESARIAL

Governança corporativa

Rubens Mazalli
Carlos Alberto Ercolin

Copyright © 2018 Rubens Mazzali, Carlos Alberto Ercolin

Direitos desta edição reservados à
EDITORA FGV
Rua Jornalista Orlando Dantas, 37
22231-010 – Rio de Janeiro, RJ – Brasil
Tels.: 0800-021-7777 – 21-3799-4427
Fax: 21-3799-4430
editora@fgv.br – pedidoseditora@fgv.br
www.fgv.br/editora

Impresso no Brasil / *Printed in Brazil*

Todos os direitos reservados. A reprodução não autorizada desta publicação, no todo ou em parte, constitui violação do copyright (Lei nº 9.610/98).

Os conceitos emitidos neste livro são de inteira responsabilidade dos autores.

1ª edição – 2018; 1ª reimpressão – 2019.

PREPARAÇÃO DE ORIGINAIS: Sandra Frank
REVISÃO: Aleidis de Beltran
CAPA: aspecto:design
PROJETO GRÁFICO DE MIOLO: Ilustrarte
EDITORAÇÃO: Abreu's System

Ficha catalográfica elaborada pela Biblioteca Mario Henrique Simonsen/FGV

> Mazzali, Rubens
>   Governança corporativa / Rubens Mazzali, Carlos Alberto Ercolin. – Rio de Janeiro : FGV Editora, 2018.
>   144 p.
>
>   Publicações FGV Management.
>   Área: Gestão empresarial.
>   Inclui bibliografia.
>   ISBN: 978-85-225-2014-5.
>
>   1. Governança corporativa. I. Ercolin, Carlos Alberto. I. Fundação Getulio Vargas. II. FGV Management. III. Título.
>
>   CDD – 658.4

*Aos nossos alunos e aos nossos colegas docentes,
que nos levam a pensar e repensar nossas práticas.*

Sumário

Apresentação	9
Introdução	13
1 | Evolução, modelos e arquitetura de governança corporativa	**15**
Conceitos de governança corporativa	16
Evolução e marcos da governança corporativa	21
Modelos de governança	27
A governança nos Estados Unidos da América	28
A governança no Reino Unido	29
A governança na Alemanha	30
A governança na França	31
A governança no Japão	31
A governança corporativa no Brasil	32
Comparação entre os principais sistemas de governança corporativa	35
Arquitetura de governança corporativa	35
O processo decisório	48
2 | As boas práticas de governança corporativa	**53**
Atribuições do conselho de administração	54
Composição do conselho de administração	57
Planejamento de sucessão	69

Atribuições do conselho fiscal	79
Composição do conselho fiscal	80
As relações do conselho fiscal	80
Remuneração dos conselheiros fiscais	81

3 | Princípios de governança e aspectos comportamentais do processo decisório — 83

Princípios de governança corporativa	84
Aspectos comportamentais do processo decisório	90

4 | A governança e a geração de valor — 109

A relação do lucro econômico com a geração de valor	110
Ativos intangíveis	117
Passivos intangíveis	118
Geração de valor	120
A percepção da governança pelos mercados	124

Conclusão	135
Referências	137
Autores	141

Apresentação

Este livro compõe as Publicações FGV Management, programa de educação continuada da Fundação Getulio Vargas (FGV).

A FGV é uma instituição de direito privado, com mais de meio século de existência, gerando conhecimento por meio da pesquisa, transmitindo informações e formando habilidades por meio da educação, prestando assistência técnica às organizações e contribuindo para um Brasil sustentável e competitivo no cenário internacional.

A estrutura acadêmica da FGV é composta por nove escolas e institutos, a saber: Escola Brasileira de Administração Pública e de Empresas (Ebape), dirigida pelo professor Flavio Carvalho de Vasconcelos; Escola de Administração de Empresas de São Paulo (Eaesp), dirigida pelo professor Luiz Artur Ledur Brito; Escola de Pós-Graduação em Economia (EPGE), dirigida pelo professor Rubens Penha Cysne; Centro de Pesquisa e Documentação de História Contemporânea do Brasil (Cpdoc), dirigido pelo professor Celso Castro; Escola de Direito de São Paulo (Direito GV), dirigida pelo professor Oscar Vilhena Vieira; Escola de Direito do Rio de Janeiro (Direito Rio), dirigida pelo professor Sérgio Guerra; Escola de Economia de São Paulo (Eesp), dirigida pelo professor Yoshiaki Nakano; Instituto Brasileiro de Economia (Ibre), dirigido pelo professor Luiz Guilherme Schymura de Oliveira; e Escola de Matemática Aplicada (Emap), dirigida pela professora Maria Izabel Tavares Gramacho. São diversas unidades com a marca FGV, trabalhando com a mesma filosofia: gerar e disseminar o conhecimento pelo país.

Dentro de suas áreas específicas de conhecimento, cada escola é responsável pela criação e elaboração dos cursos oferecidos pelo Instituto de Desenvolvimento Educacional (IDE), criado em 2003, com o objetivo de coordenar e gerenciar uma rede de distribuição única para os produtos e serviços educacionais produzidos pela FGV, por meio de suas escolas. Dirigido pelo professor Rubens Mario Alberto Wachholz, o IDE conta com a Direção de Gestão Acadêmica (DGA), pelo professor Gerson Lachtermacher, com a Direção da Rede Management pelo professor Silvio Roberto Badenes de Gouvea, com a Direção dos Cursos Corporativos pelo professor Luiz Ernesto Migliora, com a Direção dos Núcleos MGM Brasília, Rio de Janeiro e São Paulo pelo professor Paulo Mattos de Lemos, com a Direção das Soluções Educacionais pela professora Mary Kimiko Magalhães Guimarães Murashima. O IDE engloba o programa FGV Management e sua rede conveniada, distribuída em todo o país e, por meio de seus programas, desenvolve soluções em educação presencial e a distância e em treinamento corporativo customizado, prestando apoio efetivo à rede FGV, de acordo com os padrões de excelência da instituição.

Este livro representa mais um esforço da FGV em socializar seu aprendizado e suas conquistas. Ele é escrito por professores do FGV Management, profissionais de reconhecida competência acadêmica e prática, o que torna possível atender às demandas do mercado, tendo como suporte sólida fundamentação teórica.

A FGV espera, com mais essa iniciativa, oferecer a estudantes, gestores, técnicos e a todos aqueles que têm internalizado o conceito de educação continuada, tão relevante na era do conhecimento na qual se vive, insumos que, agregados às suas

APRESENTAÇÃO

práticas, possam contribuir para sua especialização, atualização e aperfeiçoamento.

Rubens Mario Alberto Wachholz
Diretor do Instituto de Desenvolvimento Educacional

Sylvia Constant Vergara
Coordenadora das Publicações FGV Management

Introdução

Cum panis. Essa é uma expressão latina que explica uma das possíveis origens etimológicas da palavra companhia: "aqueles que, juntos, repartem o pão". Faz sentido para a acepção de companhia como união daqueles que se acompanham, que seguem o mesmo caminho. Todavia, neste livro, a palavra companhia será constantemente utilizada em outra acepção, a que faz referência – de acordo com a legislação brasileira – a uma sociedade anônima de capital aberto ou fechado. Pode parecer, ao menos em um primeiro momento, que agora tal origem etimológica perdeu o sentido. Entendemos que não; ao contrário, faz todo o sentido. Vejamos. O primeiro embrião de uma sociedade por ações surge em 1600 com a fundação da primeira das 11 companhias das Índias, a Companhia Britânica das Índias Orientais (eram sete orientais e quatro ocidentais). O nome companhia lá estava por duas razões: primeiro, porque era uma sociedade de mercadores que tinham como objetivo o comércio ultramarino e a conquista de territórios e, como navegadores, viajavam juntos e partilhavam os pães – como alimento pouco perecível; segundo, porque eram missões que tinham altos custos e precisavam de financiamento por parte de muitos investidores que se cotizavam no capital para posteriormente auferirem dividendos dos resultados. Dividiam o "pão" em sentido figurado.

Caro leitor, a essência de uma companhia – ou uma sociedade por ações – contemporânea é a mesma. As corporações do mundo moderno são empreendimentos que exigem um alto volume de capital e, desse modo, seus sócios precisam diluir os riscos de seus investimentos compartilhando-os com muitos outros investidores. Quando uma sociedade passa a ter um grande número de sócios, ou no caso específico das sociedades anônimas, de acionistas, passa a necessitar de um sistema de gestão que segregue a propriedade da gestão e ordene o processo decisório, reduzindo os conflitos de interesse e elevando o grau de segurança dos investimentos. Governança corporativa é como chamamos esse sistema.

Neste livro, inspirados pelos pioneiros das companhias do século XVII, navegaremos pelas águas da governança corporativa. No capítulo 1 iniciaremos nossa viagem apresentando as bases conceituais da governança, sua evolução histórica mais recente e sua arquitetura, conhecendo seus principais órgãos e o fluxo do processo decisório que os acompanha. Na sequência, no capítulo 2, percorreremos as chamadas boas práticas de governança, em especial as vinculadas ao conselho de administração e ao conselho fiscal. No terceiro capítulo, visitaremos os aspectos comportamentais e os vieses que influenciam o processo decisório no ambiente da alta gestão corporativa. Finalmente, no quarto e último capítulo, aportaremos nos mecanismos de geração de valor, em especial os que mitigam passivos intangíveis e produzem ativos intangíveis.

Esperamos que essa viagem seja interessante e possa contribuir para uma melhor compreensão do propósito da boa governança e da sua importância na busca de uma sociedade capitalista mais justa e segura. Vamos navegar? Afinal, recordando o poeta italiano Petrarca, "Navegar é preciso. Viver não é preciso".

1
Evolução, modelos e arquitetura de governança corporativa

Como vimos na introdução, apesar de a governança corporativa não ser uma expressão – ou ao menos uma preocupação – tão contemporânea como se imagina, o espaço e a importância que assumiu nos últimos anos são muito significativos. Diante disso, é importante observarmos a evolução dos principais fatos que a colocaram nas pautas estratégicas dos acionistas e investidores institucionais nos últimos tempos.

Após a observação dos marcos evolutivos da governança corporativa no Brasil e no mundo, torna-se fundamental a compreensão dos distintos modelos adotados por diferentes países em suas economias. Estados Unidos, Reino Unido, Alemanha, Japão, França e Brasil são países que acabaram produzindo modelos que, mesmo com características diversas, visam aos mesmos objetivos de uma boa governança.

Por fim, a visão da arquitetura básica do ambiente de governança corporativa e, em especial do ambiente brasileiro, é fundamental para os objetivos deste livro. A estrutura pela qual os principais órgãos de governança se conectam e compõem o desenho do processo decisório de uma companhia é conhecimento essencial para qualquer gestor estratégico. É, portanto, por esse caminho que este capítulo levará você, leitor, ao mundo da alta gestão estratégica.

GOVERNANÇA CORPORATIVA

Conceitos de governança corporativa

Não há na literatura uma conceituação unânime a respeito de governança corporativa. Encontramos importantes autores que conceituam governança corporativa com diferentes abordagens e interpretações. Uma das razões dessa diversidade de conceitos deve-se – como veremos – aos diferentes modelos adotados em vários países. Destacamos a seguir algumas dessas distintas interpretações para, na sequência, analisarmos os modelos e sua evolução ao longo do tempo.

Governança corporativa pode ser definida como o conjunto de normas, leis, regulamentos, públicos e privados, que organizam, direcionam e comandam as relações de uma empresa, isto é, de seus controladores e administradores com aqueles que investem nessa respectiva empresa por meio da compra de valores mobiliários (Garcia, 2005).

Vista de modo mais sistêmico, governança corporativa pode ser entendida como o sistema que tem como objetivo principal minimizar os conflitos existentes entre os atores responsáveis pela administração, controladores e acionistas, por meio do monitoramento compartilhado estabelecido pelos acionistas controladores de uma determinada empresa ou corporação, de tal modo que os administradores tomem suas decisões sobre a alocação dos recursos de acordo com o interesse dos proprietários (Victória, 2007).

Para Alves (2001), a governança corporativa é um conceito difuso, podendo ser aplicado tanto a métodos de gestão de empresa (governança corporativa) quanto a meios de preservação do meio ambiente (governança ambiental) ou a formas de combate ao suborno e à corrupção de funcionários públicos (governança pública). Não obstante seu caráter difuso, o conceito de governança tem como ponto de partida a busca do aperfeiçoamento das pessoas e das instituições.

Jensen (2001) definiu governança corporativa como a estrutura de controle de alto nível, consistindo em direitos de decisão do conselho de administração e do diretor executivo, em procedimentos para alterá-los, do tamanho e composição do conselho de administração e da compensação e posse de ações dos gestores e conselheiros.

De forma mais restrita, governança corporativa pode ser entendida como "a regulamentação da estrutura administrativa da sociedade anônima por meio do estabelecimento de direitos e deveres dos vários acionistas e da dinâmica e organização dos poderes" (Garcia, 2005:3).

Mais especificamente, governança corporativa deve ser considerada como "as maneiras pelas quais os fornecedores de recursos garantem que obterão para si o retorno sobre seu investimento" (Shleifer e Vishny, 1997:65). Ou, na mesma linha, "o conjunto de mecanismos que protegem os investidores externos da expropriação pelos internos (gestores e acionistas controladores)" (Garcia, 2005:82).

Já para Andrade e Rossetti (2004:25), governança corporativa é o "conjunto de valores, princípios, propósitos, papéis, regras e processos que rege o sistema de poder e mecanismo de gestão de empresas", abrangendo alguns aspectos, entre os quais: os propósitos dos acionistas empreendedores; a maximização da riqueza dos acionistas, minimizando oportunidades conflitantes com esse fim; e padrões de atendimento aos direitos dos *stakeholders. Stakeholder* é uma palavra do inglês muito utilizada no mundo corporativo e que representa as partes que de algum modo afetam, são afetadas ou, ainda, que se sentem afetadas pela atividade da empresa, tais como acionistas, clientes, colaboradores, credores, fornecedores, o Estado etc.

Analisando essas principais conceituações, podemos perceber que, apesar da diversidade de interpretações, os autores redigiram conceitos que apontam para o mesmo propósito comum. Praticamente, em todos os conceitos fica nítido que a governança corporativa visa gerar valor por meio de uma gestão ética e, portanto, segura, não só para seus investidores, mas para todos os *stakeholders* da empresa.

Considerando-se essa convergência de pensamento dos autores, é importante destacarmos também a visão mais próxima do mundo corporativo. No Brasil, a Comissão de Valores Mobiliários (CVM) – autarquia vinculada ao Ministério da Fazenda do Brasil, instituída em 1976, que disciplina o funcionamento do mercado de valores mobiliários brasileiro – conceitua governança corporativa como o "conjunto de práticas que tem por objetivo melhorar o desempenho de uma companhia e proteger todos os seus *stakeholders* ou partes interessadas, facilitando seu acesso ao capital necessário para novos investimentos e gerando valor" (CVM, 2003). Já o Instituto Brasileiro de Governança Corporativa (IBGC) – organização brasileira, sem fins lucrativos, considerada referência do Brasil para o desenvolvimento das melhores práticas de governança corporativa –, define governança corporativa como "o sistema pelo qual as empresas e demais organizações são dirigidas, monitoradas e incentivadas, envolvendo os relacionamentos entre sócios, conselho de administração, diretoria, órgãos de fiscalização e controle e demais partes interessadas" (www.ibgc.org.br/index. php/governanca/governanca-corporativa). Vemos, portanto, que mesmo com diferentes redações há um alinhamento das mais diversas interpretações e conceituações, tanto no mundo acadêmico quanto no ambiente corporativo.

Apesar da convergência apontada pelas diferentes definições conceituais, sejam elas acadêmicas ou corporativas, é necessário olharmos para pelo menos duas perspectivas que, apesar de genéricas, são significativas e têm interferido no modo pelo qual, na

EVOLUÇÃO, MODELOS E ARQUITETURA DE GOVERNANÇA CORPORATIVA

prática, a governança corporativa tem sido entendida. Uma dessas óticas é a que vê a empresa pela perspectiva contratualista, ou perspectiva *shareholder* (palavra inglesa, também muito utilizada no mundo corporativo, que engloba todos os detentores de participação em uma sociedade – sócios, acionistas, cotistas etc.), considerando apenas relações entre acionistas e gestores. Essa perspectiva é a que mais se observa em países como Estados Unidos e Reino Unido. Já a outra perspectiva é conhecida como institucionalista – ou perspectiva *stakeholder* – em que as relações vão além dos proprietários e gestores, passando por todas as demais partes interessadas, como clientes, consumidores, colaboradores, Estado, agências reguladoras, comunidade do entorno, entre outros.

Na perspectiva *shareholder* entende-se que o sistema de governança corporativa deve priorizar os interesses das partes mais diretamente ligadas às atividades da empresa, como sócios e administradores, não devendo satisfação ou nenhum tipo de prestação de contas a qualquer outra parte interessada. Com esse enfoque, as companhias devem apenas zelar para que haja mecanismos de controle de forma que os gestores não prejudiquem ou expropriem os acionistas. Na perspectiva *stakeholders*, a companhia deve concentrar esforços em atender os interesses de sua ampla gama de partes interessadas, prestando contas com transparência a todas elas.

Alguns autores criticam muito a perspectiva institucionalista, alegando que ela não se ajusta a sociedades capitalistas, e sim a economias socialistas. Uma dessas críticas pode ser observada em Jensen (2001:2):

> Conceder o controle a qualquer outro grupo que não os acionistas seria o equivalente a permitir a este grupo jogar pôquer com o dinheiro dos outros, criando ineficiências que levariam à possibilidade de fracasso da corporação. A negação implícita desta

GOVERNANÇA CORPORATIVA

proposição é a falácia que se esconde por detrás da chamada teoria dos *stakeholders* [...].

A nosso ver, a crítica de Jensen seria procedente se, no grupo dos *stakeholders*, só fossem consideradas outras partes interessadas que não acionistas e administradores. Todavia, não podemos nos esquecer que, apesar dessa aparente separação entre *shareholders* e *stakeholders*, os acionistas são também *stakeholders*. Ora, se pertencem a esse grupo, a perspectiva institucionalista faz sentido, pois nos propõe uma governança que busque atender aos interesses de todas as partes interessadas com o maior equilíbrio possível. Nessa linha, a companhia não apenas se preocupa com a geração de lucros, mas com a geração de valor, que só será possível quando conseguir manter uma zeladoria ética de sua gestão, mitigando riscos de relacionamento com todos os seus públicos. Aprofundaremos essa análise no capítulo 4.

Cabe aqui lembrarmos que a legislação que rege as sociedades por ações no Brasil (Lei nº 6.404/1976) reconhece os interesses e direitos dos diversos *stakeholders*. Por exemplo, no parágrafo único do art. 116 fixa-se:

> O acionista controlador deve usar o poder com o fim de fazer a companhia realizar o seu objeto e cumprir sua função social, e tem deveres e responsabilidades para com os demais acionistas da empresa, os que nela trabalham e para com a comunidade em que atua, cujos direitos e interesses deve lealmente respeitar e atender.

Na sequência, o art. 117 prevê situações de abuso de poder que possam trazer prejuízo aos trabalhadores e até à economia nacional. Ainda, o art. 154, em seu § 4º, prevê que o conselho de administração pode autorizar atos gratuitos razoáveis em benefício dos empregados ou da comunidade, em função da responsabilidade social.

Considerando-se essas perspectivas, podemos considerar que, em que pese algumas críticas, a ótica institucionalista demonstra-se mais alinhada com o que se espera das empresas. Devem gerar ganhos aos seus acionistas, investidores, credores e trabalhadores sem, contudo, deixar de ter o cuidado com o atendimento das expectativas dos seus demais públicos de relacionamento, incluindo a sociedade na qual se insere. Somente assim poderá produzir resultados perenes, sustentáveis, que não sejam gerados a qualquer custo.

Evolução e marcos da governança corporativa

São reconhecidos três importantes marcos históricos na evolução da governança corporativa no mundo nas últimas décadas: o Relatório Cadbury (Report of the Committee on the Financial Aspects of Corporate Governance), os princípios de governança corporativa da Organização para a Cooperação e Desenvolvimento Econômico (OCDE) e a lei americana Sarbanes-Oxley.

No começo dos anos 1990, a Bolsa de Valores de Londres instalou o Comitê Cadbury para revisar práticas de contabilidade e finanças vinculadas à governança corporativa em razão de uma série de escândalos na gestão em companhias britânicas. Anteriormente à instalação do Comitê Cadbury, as companhias britânicas eram administradas por meio de conselhos compostos por membros que também tinham assento em conselhos de outras empresas. Era prática comum um razoável intercâmbio de favores visando a interesses pessoais, causando danos aos acionistas minoritários. Segundo Lodi (2000:10), "imperava uma rede de velhos companheiros, uma espécie de *old boys network*".

GOVERNANÇA CORPORATIVA

Fruto do trabalho desse comitê, em 1992 temos o primeiro marco contemporâneo de uma significativa evolução nas práticas de governança corporativa com a publicação do Relatório Cadbury.

Aprimorado por relatórios que o sucederam, como o Relatório Greenbury (1995), o Relatório Hampel (1998), o Relatório Turnbull (1999) e o Relatório Higgs (2003), foi, sem sombra de dúvida, o marco pioneiro na apresentação de um conjunto de novas práticas para as companhias inglesas gerirem seus negócios com uma governança melhor. Rossoni (2009:87) afirma que "o relatório Cadbury marcou o fim da experimentação acerca dos códigos de governança e estabeleceu os fundamentos para uma efetiva regulação da governança corporativa".

Essa publicação influenciou códigos de boas práticas de governança em vários países, inclusive o próprio Código Brasileiro de Boas Práticas de Governança Corporativa publicado pelo IBGC. O relatório acabou por estimular os investidores – principalmente os investidores institucionais – a terem um maior protagonismo nas decisões corporativas. Desse modo, promoveu o fortalecimento dos canais de relacionamento com investidores, movimentos de autorregulamentação e, indiretamente, uma atenção maior do Estado na produção de uma legislação que levasse mais segurança aos mercados.

Com as diretrizes do Relatório Cadbury e suas complementações, a bolsa londrina apontava, entre outras:

1. a responsabilidade de conselheiros e executivos na análise e apresentação de informações aos acionistas e outras partes interessadas sobre o desempenho da companhia;
2. a frequência e clareza na forma como as informações deveriam ser prestadas;
3. as regras na constituição de conselhos e no papel dos conselheiros;

EVOLUÇÃO, MODELOS E ARQUITETURA DE GOVERNANÇA CORPORATIVA

4. um papel mais ativo na empresa por parte de investidores institucionais (fundos de pensão, fundos de investimentos, entre outros);

5. o fortalecimento dos canais de comunicação entre os acionistas;

6. o envolvimento maior do governo no que diz respeito à legislação (Mattedi, 2006).

Na sequência, o segundo importante marco regulatório de governança corporativa foi o estabelecido pela OCDE com o documento Diretrizes para Empresas Multinacionais (1999). De modo semelhante ao Relatório Cadbury e um pouco diferente do modelo anglo-saxão, a governança corporativa, no âmbito da OCDE, tendeu a dar uma maior importância à perspectiva institucionalista e, desse modo, a outros agentes sociais que não apenas acionistas e controladores (Mattedi, 2006).

As Diretrizes para as Empresas Multinacionais, da OCDE, são recomendações dirigidas pelos Estados-membros da OCDE a tais empresas. Visam assegurar que as atividades corporativas estejam alinhadas com as políticas governamentais, fortalecendo a confiança mútua entre as empresas e as sociedades onde operam, ajudando a melhorar o ambiente do investimento transnacional, elevando o grau de contribuição das empresas multinacionais para o desenvolvimento sustentável. As diretrizes são parte integrante da Declaração da OCDE sobre Investimento Internacional e Empresas Multinacionais, cujos outros elementos são relacionados a tratamento nacional, obrigações conflitantes impostas às empresas e incentivos e desincentivos ao investimento internacional. Elas apresentam princípios e padrões voluntários para uma conduta empresarial consistente com as leis adotadas e com os padrões reconhecidos internacionalmente. No entanto, os países a elas aderentes assumem um compromisso vinculante em implementá-las em conformidade com a decisão do Conselho da OCDE sobre suas Diretrizes para as Empresas Multinacionais. Além disso, as questões abrangidas pelas diretrizes também podem ser objeto de legislação nacional e compromissos internacionais.

O terceiro e, a nosso ver, o mais importante desses marcos foi a promulgação, em 30 de julho de 2002, nos Estados Unidos, da Lei Sarbanes-Oxley, normalmente abreviada SOx ou SARBOX. Ela leva o nome dos seus idealizadores, senador Paul Sarbanes, do Partido Democrata, e deputado Michael Oxley, do Partido Republicano. Foi, sem dúvida, a maior reforma do mercado de capitais americano desde que foi instalada sua regulamentação nos anos 1930 em razão da grande crise e quebra da Bolsa de Nova York em 1929.

As fraudes contábeis e os consequentes escândalos contábeis que o mercado americano, em especial os casos das empresas Enron, Tyco, Arthur Andersen, WorldCom e Xerox, foram fatos que motivaram a promulgação da lei com o objetivo de evitar a fuga de capitais causada pela insegurança e perda de confiança em relação aos demonstrativos contábeis.

A SOx não se aplica apenas às companhias americanas, mas estende-se a todas as companhias estrangeiras que negociam seus títulos no mercado de capitais americano e que têm suas ações ou ADRs (*american depositary receipts*) registrados na Securities and Exchange Comission (SEC), agência federal dos Estados Unidos que detém a responsabilidade primária pela aplicação das leis de títulos federais e a regulação do setor. ADRs, traduzidos como, "recibos de depósitos", são certificados de ações emitidos por bancos americanos, com lastro em títulos de valores mobiliários de empresas estrangeiras, negociados em dólares americanos nas bolsas de valores dos Estados Unidos – o equivalente americano à CVM brasileira.

EVOLUÇÃO, MODELOS E ARQUITETURA DE GOVERNANÇA CORPORATIVA

Composta por 11 capítulos que agregam 69 seções, a SOx obriga as companhias a estruturarem – ou reestruturarem – seus processos internos para elevar o grau de controle e de segurança dos investidores e demais partes interessadas. Obriga uma transparência maior na administração dos negócios e, principalmente, nas demonstrações econômico-financeiras e respectivas divulgações ao mercado. Em outras palavras, na prática, define por lei e torna obrigatória uma série de medidas que já eram consideradas, no mundo todo, práticas de boa governança corporativa.

A SOx determina que as empresas estabeleçam instrumentos e mecanismos de auditoria e segurança de informação confiáveis, definindo regras para a criação de comitês responsáveis pela supervisão das operações e constituídos preferencialmente por membros independentes, isto é, sem nenhum vínculo com a companhia. Tais dispositivos da lei têm o claro objetivo de evitar ou, ao menos reduzir, os riscos de que administradores – ou terceiros – executem fraudes que comprometam a sustentabilidade dos negócios.

Outro aspecto importante da SOx é a responsabilização, cível e criminal, dos diretores executivos e, em especial dos diretores financeiros, que forem explicitamente responsáveis pelo estabelecimento e monitoramento da eficiência e eficácia dos controles internos em relação aos relatórios financeiros e à publicação e divulgação de informações. As auditorias e assessorias jurídicas ganharam, com a SOx, maior independência, mas, ao mesmo tempo, tiveram elevado o grau de responsabilidade sobre seus atos. Foi também elevada a regulamentação sobre as formas de contratação de serviços de consultoria legal, auditoria e afins. Grande parte dos dispositivos da SOx que zelam por esse tipo de relação com as auditorias e assessorias jurídicas se deve ao escândalo com a gigante de auditoria Arthur Andersen, que foi considerada conivente nas fraudes contábeis da Enron.

GOVERNANÇA CORPORATIVA

Para supervisionar os processos de auditoria das empresas sujeitas à SOx, foi criado o Public Company Accounting Oversight Board (PCAOB), uma espécie de conselho de auditores de companhias abertas que tem como propósito ditar as normas de auditoria, controles internos, ética, conduta e independência em relação às inspeções e à emissão dos relatórios de auditoria. São previstas diligências nas empresas de auditoria para obrigá-las a cumprir as regras estabelecidas e estar sempre em consonância com os dispositivos da SEC. Todas as empresas que auditem empresas sujeitas à SOx devem estar registradas no PCAOB.

A SOx se refere, de forma explícita, aos Generally Accepted Accounting Principles (GAAP), em seu capítulo americano (US--GAAP), para a fixação das normas e práticas contábeis que devem ser adotadas pelas empresas sujeitas à lei. Enquanto este capítulo estava sendo redigido, havia em tramitação na SEC um processo de adoção do padrão International Financial Reporting Standards (IFRS), de influência europeia e sob a gestão do International Accounting Standards Board (IASB) para substituir os padrões do US-GAAP.

Neste momento, caro leitor, você deve estar se perguntando se este livro é para você que, provavelmente, trabalha numa empresa "limitada" e não em uma "S.A.", haja vista que a maioria das empresas brasileiras não são listadas nas bolsas de valores, ou seja, não são sociedades anônimas de capital aberto e, portanto, não estão no foco das principais recomendações constantes dos códigos de boas práticas de governança. Lembramos que sim, o foco inicial dos mencionados códigos são as empresas de capital aberto, mas todas as demais bebem – ou ao menos deveriam beber – na mesma fonte, ou seja, a maioria das melhores práticas de governança corporativa pode ser implementada em qualquer tipo de organização, com todo tipo de estrutura jurídica ou societária e característica de capital, seja ele concentrado ou pulverizado. Evidentemente ajustes deverão

26

ser feitos na observância de algumas práticas que são exigidas na Lei das S.A., mas opcionais nas demais.

Modelos de governança

Não se pode afirmar que determinado modelo de governança atende a todos os tipos de empresas. Então, o que se pode afirmar com relação a um mesmo modelo ser aplicado a diferentes culturas? Nesse sentido, é fácil perceber que deve haver inúmeros modelos ao redor do mundo, que atendem, de certa maneira, aos objetivos esperados deles, considerando-se as diferentes necessidades e até mesmo estágios de maturidade de cada país.

Conforme Silveira (2010), seria tarefa impossível catalogar todos os sistemas vigentes, pois, como dito, eles derivam de muitos fatores, como cultura, estágio de desenvolvimento, legislação, entre outros. Vamos analisar o problema de maneira simplificada, dividindo os modelos de governança dos mercados mais desenvolvidos em duas categorias principais: sistema dos acionistas no papel de *outsiders* (cujos atores mais proeminentes são os seguintes países de origem anglo-saxã: Estados Unidos e Reino Unido) e sistema dos acionistas como *insiders* (acionistas no comando das operações diárias, diretamente ou via pessoas de sua indicação), vigente na Europa continental. O quadro 1 resume as principais características, bem como suas diferenças.

Fica claro que as diferenças estão muito atreladas ao principal conflito de agência (conflito de interesse entre os acionistas e os gestores, que veremos mais detalhadamente no capítulo 3) em que, nas estruturas de capital pulverizado, o modelo adotado é o do acionista como *insider*, ao passo que nas estruturas de capital concentrado, o modelo adotado é o do acionista como *outsider*. Veja o quadro 1.

GOVERNANÇA CORPORATIVA

Quadro 1
Sistemas de governança

Sistema de governança	Acionistas como *insider*	Acionistas como *outsider*
Estrutura de propriedade das grandes companhias listadas em bolsa	Estrutura dispersa, com acionistas pulverizados e distantes do dia a dia das operações.	Estrutura mais concentrada, com bloco de controle definido atuando diretamente nas atividades da companhia.
Controle familiar nas grandes companhias	Raro.	Comum.
Estado como acionista relevante nas grandes companhias	Raro.	Mais frequente.
Diversificação das operações das companhias	Mais baixa, com empresas mais especializadas e menor presença de conglomerados empresariais diversificados.	Alta, com predomínio de grandes grupos/conglomerados empresariais, muitas vezes altamente diversificados.
Papel do mercado de ações no crescimento e financiamento das empresas	Muito importante.	Menos importante, com maior participação do mercado de crédito via financiamentos bancário e governamental.
Investidores institucionais	De grande porte e muito ativos.	De menor porte e mais passivos.
Mercado de aquisição hostil de controle	Ativo, com possibilidade real de aquisições hostis.	Praticamente inexistente, com raras tentativas de aquisições não solicitadas.
Função/objetivo das companhias	Foco na maximização da riqueza para os acionistas (*shareholder oriented*).	Reconhecimento mais explícito e sistemático de outros *stakeholders* não financeiros nas decisões empresariais, principalmente funcionários (*stakeholder oriented*).

Fonte: Silveira (2010:142).

A governança nos Estados Unidos da América

Nos Estados Unidos, a governança tem, tipicamente, estrutura dispersa, e os acionistas das companhias têm de se proteger do excesso de poder dos executivos que, muitas vezes, recebem altos bônus, desprovidos de qualquer ligação com a evolução do preço das ações ou do pagamento de dividendos aos acionistas.

Os acionistas, nos Estados Unidos, que vivenciaram uma série de escândalos no início do século XXI e voltaram a enfrentar pro-

EVOLUÇÃO, MODELOS E ARQUITETURA DE GOVERNANÇA CORPORATIVA

blemas parecidos na crise recente de 2007/2008, devem enfrentar o conflito de agência entre os acionistas (*principal*, no idioma inglês) e os executivos (*agent*, no mesmo idioma), pois, como estes últimos têm acesso mais próximo e frequente às informações da empresa, poderiam, em caso extremo, manipular os resultados da organização em seu próprio benefício, ainda que em detrimento do interesse dos donos (acionistas). Após os escândalos ocorridos nos anos 2000 e 2001, com a edição da Lei Sarbanes-Oxley, níveis de governança mais altos passaram a ser exigidos. Essas novas exigências se aplicam a todas as empresas, americanas ou estrangeiras – incluindo várias companhias brasileiras – que captam recursos em suas bolsas de valores.

A governança no Reino Unido

Algumas semelhanças com o mercado americano tem o mercado de capitais do Reino Unido, com alta dispersão do capital e forte presença dos investidores institucionais, como fundos de *hedge* (investimentos alternativos que utilizam fundos comuns que empregam estratégias diversificadas para obter retorno ativo para seus investidores), fundos de pensão e seguradoras. O Reino Unido, entretanto, optou, diferentemente dos Estados Unidos, por enfrentar os problemas e escândalos não por meio de lei, mas pela autorregulação, adotando o princípio do "adote ou explique" (*comply or explain*, no idioma inglês) num claro movimento mais democrático. Nem todas as organizações devem adotar todas as práticas preconizadas pelos códigos de boas práticas, mas, ao não adotarem uma ou mais delas, devem explicar o motivo de não o fazer.

GOVERNANÇA CORPORATIVA

A governança na Alemanha

O modelo adotado na Alemanha é claramente diferente do anglo--saxão. Três diferenças são mais marcantes:

- a função/objetivo da companhia não se restringe a maximizar a riqueza de seus acionistas; ela deve buscar, inclusive por determinação legal, o equilíbrio dos *stakeholders*;
- a alta gestão das companhias é realizada por dois conselhos (em vez do tradicional conselho de administração, adotado nos Estados Unidos, Reino Unido e, por extensão, no Brasil e demais países que se baseiam neste modelo):
  - conselho supervisor – composto por representantes de acionistas e empregados. É a instância máxima das companhias;
  - conselho gestor – eleito pelo conselho supervisor, é o responsável pela gestão da organização;
- o mercado de ações não tem papel tão determinante quanto no modelo de origem anglo-saxã. O mercado de crédito é mais desenvolvido e com maior presença dos bancos nas empresas.

Outra característica que diverge ainda mais do modelo anglo--saxão é a alta concentração acionária. Como problema derivado dessa concentração, podemos citar potenciais conflitos de interesse entre o grupo majoritário e a empresa investidora. Alguns escândalos recentes, envolvendo corporações muito conhecidas, puseram mais pressão sobre esse sistema, até então tido como uma alternativa mais segura ao modelo de controle disperso, que supostamente teria levado aos escândalos nos mercados americano e inglês.

EVOLUÇÃO, MODELOS E ARQUITETURA DE GOVERNANÇA CORPORATIVA

A governança na França

A tradição da forte presença do Estado francês na economia levou a algumas peculiaridades no tocante à governança. Além dessa concentração estatal, a forte presença do controle familiar e alta concentração acionária também são características desse mercado, embora tenha diminuído sobremaneira a partir da onda de privatizações ocorrida nos anos 1990.

A estrutura de governança francesa é muito peculiar, pois coexistem dois sistemas denominados sistemas I e II. O sistema I é o mais comum e tem como característica a acumulação dos dois principais cargos, presidente do conselho e diretor executivo na mesma pessoa.

O sistema II, com pouca expressividade (menos de 10% das companhias o adotam), baseou-se no sistema alemão, com a adoção de dois conselhos: o de administração e o gestor. Similarmente ao Reino Unido, a França adota o princípio do "pratique ou explique" (*comply or explain*) e tem como problema recorrente, segundo a percepção de grande parte da opinião pública, o descolamento da alta remuneração dos executivos com a baixa performance das organizações que eles dirigem.

A governança no Japão

O modelo adotado no Japão é considerado um híbrido entre os sistemas de acionistas como *insiders* e como *outsiders*. Se por um lado tem um mercado acionário bem desenvolvido, por outro os bancos no Japão são a principal fonte de financiamento, exercendo forte pressão nos grandes conglomerados.

Sendo um modelo de clara ideologia social, a função/objetivo da empresa não se restringe a maximizar os resultados dos acio-

GOVERNANÇA CORPORATIVA

nistas; os empregados e sindicatos têm forte presença e poder nas organizações japonesas. Tal modelo sofreu várias críticas, por exemplo, o não incentivo à competição e a dificuldade em fazer aquisições hostis.

A governança corporativa no Brasil

No Brasil, como em boa parte do mundo, percebemos que, historicamente, a maioria das empresas nasce de iniciativas empreendedoras familiares, com uma estrutura de capital pouco alavancado e com a gestão exercida por seus proprietários. Essa característica de origem já imprime nas empresas brasileiras um perfil que não segrega a propriedade da gestão e, desse modo, as distancia da boa governança, como veremos mais adiante.

Esse esforço empresarial nacional de caráter familiar ocorreu, de um modo um pouco mais organizado, a partir do início do século XX. As empresas cresciam, expandiam seus negócios para alcançar escalas de produção mais próximas das demandas de um país em franco desenvolvimento. Em função desse cenário, a busca por capital para investimento cresceu, e a abertura de capital passou a ser uma alternativa interessante para as empresas.

No entanto, o desenvolvimento do mercado de capitais foi tímido e com recursos de financiamento de longo prazo muito limitados até o final dos anos 1960. Para elevar o grau de financiamento de companhias abertas, o governo brasileiro instala os então chamados fundos 157, buscando tornar o investimento em ações mais atrativo. Por meio desses fundos, as pessoas físicas e jurídicas podiam deduzir uma parcela do imposto de renda a pagar para adquirir ações e debêntures. Como o prazo para resgate desses títulos não poderia ser inferior a cinco anos, garantia-se o financiamento de médio e longo prazos das companhias de capital aberto.

EVOLUÇÃO, MODELOS E ARQUITETURA DE GOVERNANÇA CORPORATIVA

Como essa ação de incentivo governamental coincide com o período de crescimento econômico (1967-1973), o aumento do investimento e a lucratividade das empresas acabaram provocando o aumento da demanda por ações "culminando num *boom* especulativo seguido de um traumático processo de reajuste em 1971" (Lago, 1989:245).

Apesar desse ambiente aparentemente propício, a partir de 1971 percebe-se uma queda no interesse dos investidores pelo mercado de capitais, e as principais razões para isso eram a falta de uma estrutura legal adequada e a absoluta inexistência de boas práticas de governança corporativa.

O marco regulatório existente até então era o Decreto-Lei nº 2.627, de 26 de setembro de 1940, que regulava as sociedades por ações. Com o desestímulo dos investidores, um novo marco regulatório se instalaria em 1976, com a criação da Comissão de Valores Mobiliários (CVM) e a promulgação da Lei nº 6.404, ou Lei das Sociedades por Ações, ou, simplesmente, Lei das S.A.

Sem sombra de dúvida, esse novo marco trouxe avanços significativos, mas ainda faltava o estabelecimento de práticas de governança corporativa que pudessem dar mais segurança aos investidores. Isso só veio a ocorrer em 1999, com a primeira edição do Manual de Boas Práticas de Governança Corporativa do Instituto Brasileiro de Governança Corporativa (IBGC). Na mesma linha, a Comissão de Valores Mobiliários, órgão de regulamentação do mercado brasileiro de ações, editou sua cartilha de boas práticas de governança corporativa para empresas com ações comercializadas no mercado aberto.

Em 1997, a legislação societária brasileira também foi utilizada como instrumento institucional de política econômica, segundo Srour (2005:642), "descaracterizando, assim, o seu papel de guardiã incondicional dos direitos dos investidores externos da firma". Foi desse modo que, em função do processo de privatização em alguns setores considerados estratégicos, a Lei nº 9.457/1997, denominada Lei Kandir, suprimiu direitos fundamentais dos acionistas da firma. Assim foram extintos o direito de recesso (que dava opção ao acionista minoritário de se retirar da firma quando prejudicado por decisões da maioria dos acionistas) nos casos de cisão, fusão e incorporação, bem como a necessidade de oferta pública em caso de alienação de controle (Srour, 2005). No entanto, em 1999, a CVM estabeleceu a Instrução nº 299 cujo objetivo foi o de "desfazer algumas regras prejudiciais da Lei Kandir" (Srour, 2005:644).

Com o processo de globalização e a maior inserção da economia brasileira na economia internacional, houve todo um processo de readequação da nossa economia, que teve como base a reestruturação da dívida externa do país e, posteriormente, a adoção de um plano de estabilização monetária, o chamado Plano Real (1994), depois de uma série de outros planos frustrados.

Paralelamente a isso, houve um processo de privatização e um movimento de fusões e aquisições a partir dos anos 1990. As empresas, então, começaram a tornar sua administração cada vez mais profissional, com uma maior separação entre propriedade e controle, bem como com um maior desenvolvimento do mercado de capitais. Em função disso, as empresas passaram, cada vez mais, a ter de se orientar por meio de uma governança corporativa.

Foi a partir dos anos 1990 que as empresas brasileiras passaram a listar suas ações nas bolsas americanas e, para tal, tiveram de se ajustar às regras da SEC, órgão regulador do mercado de ações nos Estados Unidos. Entre as exigências da SEC, incluem-se aspectos contábeis, necessidade de transparência e divulgação de informações – características típicas de uma boa governança corporativa.

Comparação entre os principais sistemas de governança corporativa

Pode-se dizer que, em geral, o sistema adotado nos Estados Unidos, Reino Unido e Brasil garante maior proteção relativa aos acionistas do que aos credores, incentivando o mercado de ações. Os direitos dos acionistas, na Alemanha, são proporcionalmente mais fracos que os dos credores; o Japão se situa entre a Alemanha e os Estados Unidos quanto ao grau de proteção aos acionistas e credores. É possível dizer, portanto, que cada sistema tem seus méritos e problemas, e cada um fornece proteção legal aos seus acionistas, em maior ou menor grau, assim como à concentração acionária.

Arquitetura de governança corporativa

A governança de uma organização prevê um processo decisório estruturado em uma arquitetura que contemple órgãos de deliberação, controle, fiscalização e execução. Como veremos, alguns desses órgãos representam a propriedade da organização e outros representam sua gestão. A segregação entre os órgãos representativos da propriedade e os de gestão é uma característica fundamental de uma empresa que almeja mitigar riscos e se orientar pela boa governança. A figura 1 apresenta esses principais órgãos, que teremos a oportunidade de detalhar nos próximos tópicos.

GOVERNANÇA CORPORATIVA

Figura 1
Arquitetura de governança

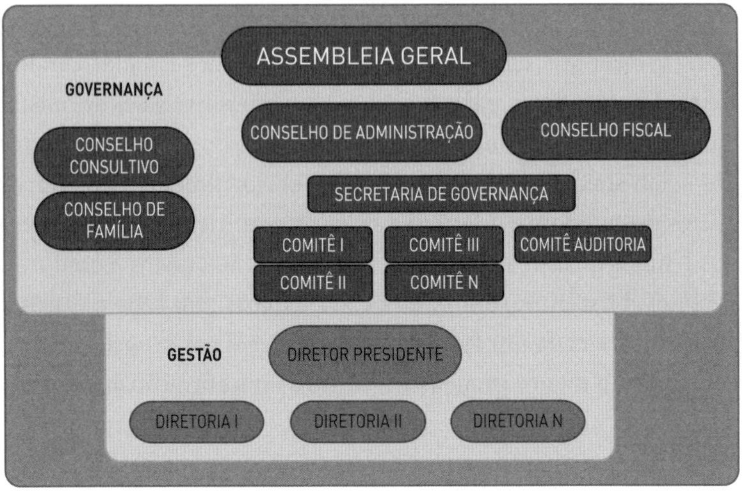

Fonte: os autores.

A assembleia geral

Em uma arquitetura de governança, a assembleia geral é o órgão de representação máxima da propriedade e com absoluta soberania sobre as demais estruturas. Nas assembleias – que podem ser de caráter geral ou extraordinário – reúnem-se todos os sócios, sejam eles acionistas (sócios de uma sociedade por ações, tanto de capital aberto quanto fechado) ou cotistas (sócios de uma sociedade por cotas de responsabilidade limitada). Na condição de investidores e, portanto, como detentores de capital e não necessariamente de competências administrativas, os proprietários de uma empresa delegam a administração dos negócios aos profissionais que integram conselhos e diretorias. Com tal delegação, restringe-se ao escopo deliberativo da assembleia, entre outras ações:

- aumentos ou reduções do capital social;

EVOLUÇÃO, MODELOS E ARQUITETURA DE GOVERNANÇA CORPORATIVA

- eventual revisão ou reforma do estatuto social ou contrato social;
- eleição ou destituição, a qualquer tempo, dos conselheiros de administração ou dos conselheiros fiscais;
- aprovação ou rejeição das contas dos administradores;
- estabelecimento de diretrizes de transformação, fusão, incorporação, cisão, dissolução e liquidação da sociedade;
- avaliação de ativos que possam vir a integralizar o capital social;
- aprovação da remuneração direta e indireta dos administradores.

A assembleia geral ordinária, ou AGO, instala-se anualmente. Também são previstas as instalações de assembleias gerais extraordinárias, ou AGEs que, como o nome já indica, podem ser convocadas em caráter extraordinário, respeitadas condições previstas em lei e nos dispositivos estatutários. As assembleias gerais são conduzidas mediante regras fixadas em regimento aprovado pelos cotistas ou acionistas.

O conselho de administração

O conselho de administração é o órgão colegiado de deliberação estratégica da organização, e é composto por conselheiros eleitos pelos sócios na assembleia geral. Tem por principais funções: a zeladoria dos princípios da boa governança, dos valores e do objeto social da organização, visando à mitigação de riscos e a consequente geração de valor tanto para acionistas quanto para as demais partes interessadas. É importante que os conselheiros assumam, de modo claro, a função estratégica e evitem qualquer ação que faça sombra às funções táticas e operacionais, considerando que estas são de responsabilidade do corpo diretivo ou executivo.

GOVERNANÇA CORPORATIVA

Na condição de administradores (que, segundo a Lei das S.A., são prioritariamente os conselheiros de administração e a diretoria), os conselheiros devem garantir relações fiduciárias com os sócios, tendo de a eles responder e prestar contas. Em adição ao direcionamento estratégico, são também de responsabilidades do conselho de administração o monitoramento da diretoria executiva e a prestação de contas às demais partes interessadas – e à sociedade de modo geral – por meio de relatórios com o melhor grau de transparência possível.

Os conselheiros de administração podem ser classificados como internos, externos ou independentes. Internos são os que possuem algum tipo de vínculo com a organização, por exemplo, um conselheiro que seja também diretor ou um antigo colaborador da empresa. Os conselheiros externos não possuem vínculo atual, mas já o possuíram como ex-diretores e ex-empregados. Consultores, advogados, sócios e empregados de grupo controlador ou de fundos de investimento que detenham relevante participação na empresa também se enquadram como conselheiros externos. Já os conselheiros independentes são conselheiros externos que não possuem nem possuíram qualquer tipo de vínculo com a organização, tanto no presente quanto no passado, isto é, não podem ser nem terem sido acionistas, diretores, empregados, prestadores de serviço, familiares de sócios ou dirigentes etc.

A composição dos conselhos, que outrora reservava a totalidade de suas cadeiras (a boa prática indica de cinco a 11 cadeiras – ver capítulo 3) a sócios eleitos (classificados como conselheiros internos e externos), hoje tem buscado uma formação que contemple, se não a totalidade, ao menos a maioria das posições a conselheiros independentes (a boa prática recomenda a totalidade das cadeiras ocupada por conselheiros independentes – ver capítulo 3), para que sejam mitigados os riscos inerentes ao conflito de agência (veja "teoria de agência" no capítulo 3). Outra tendência identificada nos últimos anos é a busca pela diversidade de composição. Se antes os conselhos de administração eram compostos quase que exclusivamente por membros com especialização financeira, atualmente buscam ter uma composição técnica heterogênea, destinando cadeiras a conselheiros com competências não exclusivamente financeiras, mas a conselheiros que tenham especialidades em outras áreas de conhecimento (engenharias, relações humanas, marketing e *branding* e outras).

Os conselheiros de administração têm a prerrogativa de eleger entre seus pares o presidente do conselho de administração e, se previsto em estatuto, seu vice-presidente. Como representante institucional e líder da administração, cabe ao presidente do conselho de administração zelar pela eficácia do órgão e pela garantia de um desempenho alinhado às boas práticas e aos princípios de governança corporativa.

O conselho de administração reúne-se normalmente de seis a 12 vezes por ano, podendo essa frequência ser maior ou menor, de acordo com as disposições estatutárias de cada entidade. Todavia, a prática tem mostrado que reuniões a cada 30 dias são as tradicionalmente adotadas pela maioria das empresas. As reuniões são ordenadas por dispositivos previstos em um regimento interno do conselho de administração. Esse documento formaliza os processos do conselho buscando sua consonância com o determinado pelo estatuto social e, claro, com a legislação aplicável, sendo um importante instrumento de fortalecimento das boas práticas de governança corporativa.

Apesar da periodicidade dos encontros, a atuação do conselheiro não deve se restringir à participação presencial nas reuniões do conselho. É de fundamental importância que os conselheiros, no interregno das reuniões, estejam sempre atuando com diligência, na busca de informações e na análise cuidadosa dos dados, fatos, riscos e oportunidades inerentes às atividades da empresa. Essa cautela

GOVERNANÇA CORPORATIVA

nas análises é essencial, pois conselheiros respondem, inclusive com seu patrimônio pessoal, por seus atos e/ou omissões. Desse modo, é muito importante que o conselheiro que discorde de alguma deliberação o faça por meio de voto em separado (dado que se trata de um órgão colegiado e todos os membros deverão cumprir o que foi decidido pela maioria). Caso o conselho seja punido por algo que tenha aprovado, apenas os conselheiros que tenham exercido esse direito do voto em separado poderão se ver livres de punições.

O conselho fiscal

O nome já indica sua principal função: a fiscalização. Cabe ao conselho fiscal, em nome dos sócios, fiscalizar a organização de modo independente da administração e realizar reportes à assembleia geral. Trata-se de um órgão de instalação não obrigatória e, quando instalado, pode ser de caráter permanente ou eventual, sempre respeitadas as disposições previstas no estatuto social. Apesar da não obrigatoriedade, um conselho fiscal atuante e bem alicerçado é instrumento de geração de valor na medida em que mitiga riscos e, desse modo, eleva o grau de confiança dos sócios e de eventuais investidores.

A legislação define que os sócios controladores devem abdicar da prerrogativa de eleger a maioria das cadeiras dos conselheiros fiscais, permitindo apenas que o último membro do conselho fiscal seja eleito pelos representantes da maioria do capital social. Controladores e minoritários devem ter uma participação paritária, respeitando-se o princípio da equidade. Cabe destacar que os conselheiros fiscais, apesar da característica colegiada do órgão, atuam e se posicionam de modo individual, respondendo por seus atos e omissões da mesma forma que os conselheiros de administração. Nessa linha, tal qual o recomendado na formação do conselho de administração, é importante que seja priorizada uma composição de maioria de conselheiros independentes, dada a ampla possibilidade de conflitos de interesses. Recomenda-se ainda que pelo menos um dos membros tenha conhecimento e competência em matéria contábil ou financeira.

A opção pela instalação do conselho fiscal não deve substituir a instalação de um comitê de auditoria, nem mesmo pela justificativa de um eventual sombreamento de funções. O comitê de auditoria, como veremos adiante, é um órgão que possui funções de controle delegadas pelo conselho de administração, ou seja, não responde diretamente aos sócios como o conselho fiscal. Uma ou outra sobreposição de funções pode naturalmente ocorrer e, nesses casos, um alinhamento entre os órgãos deve ser promovido entre as partes.

O conselho fiscal, segundo nosso entendimento, não foi bem entendido no Brasil, haja vista a pequena quantidade de empresas que o possuem e o fazem funcionar adequadamente. Muitos empresários o encaram como mais um item de custo e não enxergam nele um valor.

É muito importante que os membros desse colegiado dominem a arte da análise dos demonstrativos econômico-financeiros, pois, diferentemente do conselho de administração, no conselho fiscal quase todas as discussões e deliberações giram em torno desses temas. É importante frisar que o conselho fiscal nada aprova; apenas emite pareceres. Essa diferenciação, embora pareça trivial, é de suma importância para que o conselho fiscal não assuma riscos não previstos em lei.

O conselho consultivo

O conselho consultivo é de instalação facultativa e de caráter não deliberativo (caso o estatuto da empresa determine que o conselho

GOVERNANÇA CORPORATIVA

consultivo terá caráter deliberativo, este passará a atuar e ter as mesmas responsabilidades legais de um conselho administrativo). Trata-se de um órgão que pode ser instalado para atender a diferentes objetivos, de acordo com o estágio de governança em que uma empresa se encontre. Em alguns casos poderá assumir uma formação mais técnica, com o objetivo de amparar as deliberações do conselho de administração. Já em outros casos, a formação se vale de membros com perfis mais políticos para ampliar a acessibilidade estratégica da empresa. O conselho consultivo pode, ainda, ter caráter temporário, isto é, ser instalado em um cenário muito peculiar, por exemplo, o período que antecede ou sucede uma grande aquisição ou fusão. Nesses momentos, um conselho consultivo poderá contribuir com o conselho de administração em questões que fazem sentido apenas naquele dado momento ou naquela situação.

Nas empresas que estão no estágio inicial de adoção de práticas de governança, o conselho consultivo pode ser formado por conselheiros internos, externos ou independentes que, mesmo sem poderes deliberativos, poderão dar suporte técnico às decisões de um conselho de administração formado por sócios que necessitem de maior embasamento e segurança em suas decisões. Empresas de constituição societária familiar que sobrevivam à segunda ou à terceira geração e, por qualquer razão, sejam refratárias à figura do conselheiro independente, poderão ter em seus conselhos de administração acionistas ou cotistas que, apesar de herdeiros, não necessariamente tenham as competências técnicas exigidas por uma cadeira de conselho. O mesmo pode ocorrer em empresas cuja composição societária seja de detentores de capital que, tal qual herdeiros em empresas familiares, não tenham obrigatoriamente as competências esperadas pela função. Em ambos os casos o conselho consultivo pode ser um órgão facilitador, de instalação paulatina ou transitória, de práticas de governança.

EVOLUÇÃO, MODELOS E ARQUITETURA DE GOVERNANÇA CORPORATIVA

Todavia, não será apenas em empresas que estão em fase embrionária de adoção de práticas de governança que um conselho consultivo se fará oportuno. Em empresas nas quais tanto a arquitetura quanto as boas práticas de governança já estejam consolidadas, a instalação de um conselho consultivo de caráter mais político ou estratégico pode ter ambiência favorável. Algumas empresas instalam conselhos consultivos formados por ex-presidentes ou por profissionais de notório conhecimento e saber no setor em que operam. Não é raro encontrar também nesses conselhos membros com trânsito político (por exemplo: uma empresa do setor do agronegócio que possui entre seus conselheiros consultivos um ex-ministro da Agricultura).

A Lei das S.A. nada define com relação ao conselho consultivo. Nossa recomendação é para que sejam observadas atentamente as atribuições e responsabilidades do referido órgão. O conselho de administração é um órgão deliberativo e, como tal, seus membros correm riscos e podem ser atingidos pela legislação caso exorbitem em suas funções ou deliberem contra a lei. Já o mesmo não deve acontecer com o conselho consultivo, uma vez que se espera que ele não seja um órgão deliberativo.

O conselho de família

O conselho de família, também de instalação facultativa, e obviamente exclusivo das empresas familiares, é um órgão que visa estabelecer limites claros para o escopo das deliberações de ordem familiar. Seu objetivo fundamental é a zeladoria dos assuntos familiares que, de algum modo, interagem com a sociedade. Para termos uma visão mais sistêmica de tais interações podemos nos valer do modelo tridimensional ou modelo dos três círculos, representado na figura 2.

43

GOVERNANÇA CORPORATIVA

Figura 2
Modelo tridimensional

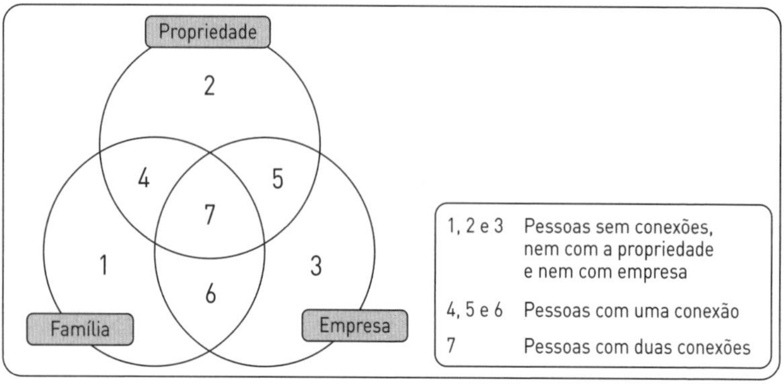

Fonte: adaptada de Gersick e colaboradores (1997:7-8).

Nesse modelo, percebemos os três sistemas: família, propriedade e gestão. Os membros de uma família que integram uma sociedade familiar possuem interesses que, em determinados momentos, confundem-se com os interesses da empresa, e tais conflitos precisam ser administrados. Como podemos visualizar na figura 2, há um grupo de familiares que não são proprietários e tampouco gestores (setor 1). Na mesma linha, podemos ter proprietários que não participam da família e nem atuam como gestores (setor 2) e gestores que não são familiares ou proprietários (setor 3).

Esses três setores englobam atores com menos conflitos em razão de não possuírem conexões com os demais sistemas. Entretanto, teremos membros da família que podem ser proprietários (acionistas ou cotistas), mesmo não atuando na gestão (setor 4) e membros da família que, mesmo não sendo proprietários, ocupam cargos na gestão da empresa (setor 6). Ainda teremos proprietários que não pertencem à família e que acumulam funções de gestão (setor 5).

Nesses casos, o grau de conflito de interesses aumenta, só não sendo maior que o encontrado nos casos de familiares que são proprietários e ainda acumulam cargos de gestão (setor 7). Nesse último caso, atinge-se o grau máximo de potencial de conflito de interesses pela ampliação das conexões do sistema família com os sistemas de propriedade e de gestão.

Frente a tais conflitos é importante a segregação e ordenação de questões que possam causar ruídos em tais relações ou conexões. O conselho de família é um órgão de governança que possibilita o tratamento dos assuntos de família que, de algum modo, interferem ou interagem com o sistema de gestão da empresa sem, contudo, se confundir com os assuntos do conselho de administração.

Os autores reiteram os cuidados que devem ser tomados nesse contexto. É muito comum a família querer ser "a última instância" e, nesse caso, podendo desautorizar o que foi discutido nos demais colegiados. Claramente isso não é uma boa prática de governança e tende a afastar os bons profissionais de governança da empresa.

Os comitês de suporte à decisão

Os conselhos e, nesse caso, muito mais o conselho de administração, necessitam de mecanismos de suporte às suas decisões. Entre tais mecanismos, a instalação de comitês vinculados aos conselhos é um dos mais importantes instrumentos de apoio à decisão que encontramos nas arquiteturas de governança. Os comitês podem ser formados por funcionários de diversas áreas da organização e ainda contar com profissionais externos, como assessores e consultores das mais diversas especialidades (advogados, engenheiros, auditores etc.).

A formação deverá contemplar competências vinculadas aos objetivos do comitê. Já quanto à duração, os comitês podem ser temporários ou permanentes. Por exemplo, um comitê de gestão de riscos provavelmente será de caráter permanente, ao contrário

GOVERNANÇA CORPORATIVA

de um comitê de análise de viabilidade de novos negócios, que poderá ser instalado segundo demanda.

Os comitês podem ter os mais diversos objetos de suporte à decisão do conselho de administração ou do conselho fiscal. Entre os comitês de suporte atrelados a conselhos de administração, são mais frequentes os comitês de planejamento estratégico, de orçamento, de gestão de riscos e crises, de ética, de sustentabilidade, de remuneração e recompensa, entre outros. O conselho de administração pode, a qualquer momento, instalar ou desinstalar comitês e, caso necessário, pode delegar a um de seus conselheiros o papel de *champion*, isto é, o papel de liderança ou coordenação de um determinado comitê.

Um comitê importante, e que devemos destacar, é o comitê de auditoria. Apesar de sua instalação ser recomendada, nas empresas em que ele não existe, o conselho de administração conserva a completa responsabilidade sobre as questões de auditoria, dado que o comitê de auditoria é apenas um órgão de suporte à decisão. Portanto, na sua ausência, o próprio conselho de administração assumirá suas responsabilidades.

O comitê de auditoria é um órgão que assessora o conselho de administração, enquanto o conselho fiscal possui como objeto principal a fiscalização de atos da administração, ou seja, ambos não devem se confundir. Desse modo, a existência de um comitê de auditoria não impossibilita ou inviabiliza a instalação do conselho fiscal.

É recomendado que as competências e atribuições do comitê de auditoria sejam previstas no estatuto ou contrato social da empresa ou, em último caso, no regimento interno do conselho de administração. Sua formação deve privilegiar uma composição exclusiva de conselheiros de administração, coordenados preferencialmente por um conselheiro independente. Se não houver essa possibilidade, a composição do conselho deverá conter um conselheiro como coordenador e ter a maioria dos membros formada por conselheiros.

Ao menos um dos membros do comitê deverá possuir experiência comprovada em assuntos de controles internos, análises contábeis, informações e operações financeiras e de auditoria independente. Os comitês, normalmente, devem trabalhar visando à produção de estudos, análises de viabilidade, pareceres, projetos, planos etc., que possam formalmente municiar os conselheiros de dados e informações que amparem suas deliberações. Tais documentos são base para a tomada de decisão dos conselheiros, mas, em hipótese alguma devem ser definitivos, pois caso algum conselheiro não se sinta seguro com o parecer do comitê, poderá solicitar a contratação de estudos complementares que lhe deem mais segurança.

O *chief executive officer* (CEO), ou diretor presidente, ou diretor executivo

O *chief executive officer*, popularmente identificado no mundo corporativo pela sigla CEO, no Brasil equivale ao cargo de diretor presidente ou diretor executivo. É o mais alto posto da estrutura de gestão tático-operacional de uma empresa, respondendo apenas ao presidente do conselho de administração. Como responsável pelo comando de todas as operações da empresa, o CEO recebe do conselho de administração as diretrizes e objetivos estratégicos com suas respectivas metas aprovadas e as converte em planos táticos que visem ao alcance dos resultados esperados pelos acionistas ou cotistas.

A diretoria executiva

A diretoria executiva é o colegiado de diretores da empresa, capitaneados pelo CEO. De modo síncrono e sinérgico deverá trabalhar

GOVERNANÇA CORPORATIVA

na direção dos objetivos estratégicos definidos pelo conselho de administração. É responsável pela execução tática e operacional dos planos que levarão a empresa ao alcance de seus resultados. Cada diretor individualmente responde por sua área de atuação (comercial, administrativa, financeira, industrial etc.) planejando, executando, controlando e avaliando atividades relacionadas ao atendimento dos objetivos.

O processo decisório

Todos os órgãos descritos até aqui compõem a arquitetura de governança corporativa fixada na figura 1, no início deste capítulo. Essa arquitetura nos apresenta um desenho organizacional que ainda dependerá de um processo que dará fluidez às decisões, desde o órgão de soberania máxima, a assembleia geral, até o órgão de direção executiva, comandado pelo CEO.

Para que fique mais claro, gostaríamos de ilustrar tal processo por meio de uma analogia que compara a estrutura de governança a um navio. A assembleia geral representa a propriedade desse barco, ou seja, é composta pela totalidade dos sócios proprietários que se cotizaram para construí-lo ou comprá-lo. Esses sócios proprietários são detentores de capital e, como tal, não necessariamente entendem de navegação ou do transporte de pessoas ou de cargas pelos mares. Desse modo, sentem-se mais seguros em delegar o norte de tais viagens a um grupo de profissionais que detenham as competências técnicas, mas que também representem seus interesses. Esses profissionais equivaleriam, em uma empresa, aos membros do conselho de administração. Eles planejam as viagens, estabelecem estratégias, orçamentos, metas ou, em outras palavras, definem os portos de origem e de destino, definem o norte, mas não "estão a bordo". Ainda nessa analogia, após definida a viagem, o conselho

EVOLUÇÃO, MODELOS E ARQUITETURA DE GOVERNANÇA CORPORATIVA

de administração delega ao comandante do navio, ou no caso de uma empresa, ao CEO, a condução do mesmo ao seu destino.

Essa simples analogia nos demonstra a espinha dorsal de uma estrutura de governança corporativa em três órgãos centrais: a assembleia geral, o conselho de administração e o CEO ou diretor presidente. A assembleia geral como órgão de congregação dos acionistas ou cotistas, o conselho de administração como órgão estratégico de representação dos proprietários e orientação estratégica da empresa, e o CEO como responsável pela execução das ações táticas e operacionais que conduzam a empresa aos seus objetivos sociais. Some a essa espinha dorsal os comitês de suporte à decisão, atrelando-os aos conselhos. Como os conselhos de administração reúnem-se em intervalos que giram em torno da média de 30 dias (não há uma regra e as empresas podem definir intervalos maiores ou menores, mas a boa prática indica uma periodicidade de reuniões mensais), os conselheiros precisam dos comitês para apoiar suas deliberações por meio de estudos de viabilidade, análises, pareceres e projetos. Os comitês não são deliberativos; apenas submetem e defendem suas análises e pareceres junto ao conselho de administração.

O conselho fiscal, órgão de fiscalização e controle com o objetivo de dar maior segurança aos acionistas ou cotistas, instala-se ao lado e em linha com o conselho de administração, com autonomia para fiscalizar toda a organização, incluindo o próprio conselho de administração, zelando pelos valores e pelas boas práticas de gestão e atendimento às normas e à legislação vigentes. Frise-se que ambos os órgãos – o conselho de administração e o conselho fiscal – estão na mesma linha (um não se subordina ao outro) e ambos respondem à assembleia geral e não a um grupo específico (mesmo que um desses grupos tenha escolhido um membro do conselho de administração ou do conselho fiscal), mas aos interesses da organização como um todo.

Esse processo tem um fluxo originalmente *top-down*, isto é, de cima para baixo no organograma de governança. Os proprietários elegem seus representantes nos conselhos de administração e fiscal. O conselho de administração, amparado pelos comitês de suporte à decisão, estabelece os direcionamentos estratégicos e suas respectivas metas e os submete à execução da diretoria comandada pelo CEO. Como os comitês recebem dados e informações das diretorias, gerências e demais esferas de gestão, há um contrafluxo – de baixo para cima – de informações, mas não deliberativo. Após a execução tático-operacional comandada pelo CEO, os resultados da gestão são relatados formalmente e sobem para a obtenção da aprovação da assembleia geral.

Esse processo, de cima para baixo, com a fiscalização em paralelo e com a clara segregação entre órgãos de representação da propriedade e órgãos de gestão, é prática da chamada boa governança. Apesar de ser considerada uma prática de boa governança, ainda verificamos uma grande quantidade de empresas que promovem estruturas que funcionam exatamente no sentido inverso. Essas empresas dão ao CEO a responsabilidade do direcionamento estratégico da companhia. Após definir suas diretrizes estratégicas, o CEO as leva ao conselho de administração apenas para aprovação.

Essa inversão do processo – de baixo para cima – desconsidera uma importante possibilidade: a de o conselho ter estratégias que ultrapassem os limites da visão do CEO. Por exemplo, o conselho de administração pode pensar em novos negócios que sejam conflitantes, inclusive com os interesses do CEO e dos demais dirigentes da empresa e, desse modo inverso, o processo limitará boa parte das estratégias que poderiam ser do interesse dos acionistas e cotistas.

Neste primeiro capítulo, foi possível conhecermos as principais conceituações de governança corporativa e visualizarmos como a evolução das interpretações de diferentes culturas corporativas as consolidaram em modelos. Vimos também que esses modelos, mesmo que com características diferentes, convergem para objetivos comuns, como a segurança de acionistas e demais partes interessadas, visando à mitigação de riscos e à geração de valor. Apresentamos, de modo sumário, assembleia geral, conselho de administração, conselho fiscal, conselho consultivo, conselho de família e comitês de suporte à decisão como os principais órgãos componentes de uma arquitetura básica de governança corporativa. Por fim, apresentamos os fluxos do processo decisório que se instala em uma boa governança.

Conceitos, modelos e arquitetura de governança são componentes de uma estrutura organizacional que ordena o processo decisório da alta gestão estratégica de uma empresa, mas não se bastam. Para ir além de um fluxo decisório em um simples organograma, deverão promover e assegurar a efetiva execução de práticas que possibilitem o alcance dos objetivos da boa governança. Tais práticas têm sido consolidadas em códigos de boas práticas ao redor do mundo. No próximo capítulo, apresentaremos, de modo sumário, as boas práticas de governança corporativa adotadas no Brasil.

2
As boas práticas de governança corporativa

Como vimos no capítulo anterior, a arquitetura de governança e seu processo decisório são fundamentais para a alta gestão estratégica de uma empresa, mas não são suficientes. Um fluxograma decisório integrado a um organograma não garante que os objetivos da boa governança sejam minimamente alcançados. Também não basta estar em conformidade com a legislação vinculada ou com os dispositivos fixados por órgãos reguladores, tais como a CVM. A boa governança ainda demanda práticas que, mesmo não obrigatórias, mitigam riscos das mais diversas ordens, dão mais segurança aos investidores e, portanto, são bem-vistas pelos olhos do mercado de capitais.

Diante disso, as práticas mais alinhadas à condução ética dos negócios e aos princípios de governança têm sido homologadas e publicadas por instituições representativas. No Brasil, o IBGC edita regularmente seu Manual de Boas Práticas de Governança Corporativa, com diretrizes e recomendações muito alinhadas às de instituições equivalentes de outros países. Neste capítulo, elencaremos, sumariamente, as práticas de maior relevância recomendadas por tais instituições.

GOVERNANÇA CORPORATIVA

Atribuições do conselho de administração

O direcionamento estratégico de uma empresa ocorre, como vimos, dentro de um processo decisório sob o comando do conselho de administração, órgão que possui a zeladoria dos valores, dos princípios, do objeto social e, não menos importante, do sistema de governança da organização. O conselho de administração deve exercer suas atribuições visando à perenidade e à viabilidade do objeto social não apenas no curto, mas principalmente no longo prazo, sempre por meio de relações éticas com todas as partes interessadas.

Somado ao direcionamento estratégico do negócio, o conselho de administração também monitora a diretoria solidificando um elo entre a organização e os acionistas ou cotistas, os quais elegem os próprios membros do conselho. Os membros do conselho de administração, além de seus deveres estatutários e legais junto à empresa, respondem aos sócios, acionistas ou cotistas nas assembleias. Todavia, em respeito ao princípio da prestação de contas – ou *accountability*, que veremos no capítulo 3 –, é importante que se tenha em mente que os conselheiros devem responder a todos os sócios e não apenas a uma parte deles, por exemplo, a parte que eventualmente elegeu determinado conselheiro.

Qualquer empresa pode, a seu critério, instalar um conselho de administração, todavia essa prática é muito mais recomendada para as organizações que possuem um número considerável de sócios e, consequentemente, de interesses. Ao contrário do que se pode imaginar, conselhos de administração não são necessários apenas em empresas de alto faturamento ou grande número de funcionários. Um exemplo que comprova isso são as *holding companies*, ou empresas criadas para terem participações societárias em outras empresas. São normalmente empresas sem faturamento e com um número mínimo de funcionários, mas que, em função de seu objeto, podem possuir uma estrutura de capital que exija muitos acionistas ou cotistas.

É de responsabilidade do conselho de administração garantir a preservação dos valores e princípios que a empresa elegeu, visando sempre à proteção da sociedade e valorização do capital investido pelos sócios, sem perder de vista os legítimos interesses dos demais *stakeholders*. Essa atribuição coloca, por vezes, os conselheiros de administração frente a difíceis dilemas éticos. O bom conselheiro se utilizará dos princípios de governança corporativa, dos valores adotados pela empresa e dos seus próprios valores pessoais para enfrentar tais dilemas. A monitoria contínua das atividades da empresa é fundamental para que eventuais desvios dos valores e princípios possam ser corrigidos, e seus responsáveis diretos, advertidos ou punidos.

Sempre que os conselheiros de administração tiverem qualquer tipo de dúvida no processo deliberativo devem solicitar todas as informações de que necessitarem, inclusive recorrendo a especialistas ou consultorias externas, para que suas decisões sejam tomadas com fundamento e responsabilidade.

São importantes atribuições de um conselho de administração:

- a proteção da cultura e da identidade da organização, defendendo e preservando seus princípios e valores;
- o direcionamento estratégico e eventuais suportes necessários para que a diretoria executiva tenha condições de implementar as ações que conduzam ao alcance dos objetivos da empresa;
- a análise constante de cenários, tanto nos aspectos micro quanto macroeconômicos;
- o patrocínio constante ao fortalecimento das competências e à inovação para que a organização possa enfrentar os desafios estratégicos;

GOVERNANÇA CORPORATIVA

- a devida seleção e contratação do CEO – ou diretor presidente –, bem como a aprovação dos membros da diretoria executiva;
- o planejamento do processo sucessório das posições estratégicas da empresa;
- a definição e ou aprovação das principais políticas e normas que estejam vinculadas ao direcionamento estratégico e tático da organização;
- a definição do sistema de remuneração e recompensa da empresa, tendo o cuidado de vinculá-las a objetivos ou metas que contemplem resultados de curto, médio e longo prazos;
- o monitoramento contínuo da diretoria executiva, tanto nos aspectos financeiros e operacionais quanto no que se refere ao desenvolvimento de uma política que não só atraia, mas, principalmente, desenvolva e retenha talentos;
- a preservação e melhoria contínua do sistema de controles internos da empresa, visando ao acompanhamento e medição dos riscos que possam afetá-la;
- a atenção permanente às externalidades que possam ser produzidas pelas ações da empresa, garantindo que a diretoria e todos os demais órgãos tenham atenção e cuidado com todas as partes interessadas;
- a contínua busca por processos inovadores e tecnologias que permitam que a empresa se mantenha competitiva;
- a aprovação de eventuais processos que envolvam a empresa em incorporações, fusões e aquisições, bem como a avaliação e aprovação de projetos de investimento que sejam relevantes no valor da empresa;
- a garantia de que os relatórios econômico-financeiros, sociais e ambientais estejam demonstrando com transparência e clareza a situação da empresa perante seus públicos de relacionamento;

AS BOAS PRÁTICAS DE GOVERNANÇA CORPORATIVA

- homologação e avaliação dos auditores independentes;
- a revisão permanente das práticas de governança;
- a prevenção de situações de conflito de interesses, bem como o tratamento das mesmas em uma eventual ocorrência.

Composição do conselho de administração

O conselho de administração é, por natureza de concepção, um órgão de governança com formação colegiada, no qual devem ser sempre consideradas e respeitadas as características individuais de seus membros. A diversidade de formações técnicas, de conhecimentos, de experiências e de culturas, sem esquecer a busca da equidade em questões de idade e gênero, é fortemente recomendada para que as deliberações contemplem uma amplitude maior de análises.

Seleção de conselheiros

O processo de seleção de conselheiros deve estar bem alinhado com as diretrizes estratégicas da organização, com seu tamanho e com seus princípios e valores. Os acionistas podem contar com suporte de recrutamento por meio de uma consultoria especializada na seleção – seja entre os acionistas candidatos e executivos (conselheiros internos) ou entre conselheiros externos e/ou independentes do mercado.

Já nas renovações de mandato, é de boa norma que o conselho de administração em exercício oriente os acionistas no processo de definição de perfil e qualificação desejável para a seleção dos novos conselheiros.

GOVERNANÇA CORPORATIVA

Qualificação dos membros do conselho de administração

As boas práticas de governança apontam as seguintes qualificações essenciais a um bom conselheiro de administração:

- compromisso com o código de conduta, princípios e valores da organização;
- perspectiva estratégica;
- estruturação para defesa de opiniões a partir de sua própria avaliação;
- competência para comunicação;
- flexibilidade de tempo;
- adequado envolvimento em trabalho em equipe;
- entendimento das práticas de governança corporativa;
- interpretação de relatórios gerenciais, contábeis, financeiros e não financeiros;
- entendimento da legislação societária e de regulação;
- conhecimento sobre todo o gerenciamento de riscos.

O conselheiro deve dispensar-se de conflito de interesse fundamental (não administrável, não pontual ou situacional, que se espera que seja ou que realmente seja permanente) e manter-se concentrado em todos os assuntos que digam respeito à organização. Deve buscar trabalhar sempre de maneira proativa, tendo em mente a tomada de decisões conscientes e o entendimento de que suas metas e responsabilidades são amplas e não restritas ao conselho. Após a compreensão de todos esses requisitos, a faixa etária torna-se um fator de peso relativo, sendo a contribuição do conselheiro para o conselho, para a organização e para os sócios o que deve prevalecer.

Número de membros

Recomenda-se ter um número ímpar de conselheiros para que se evitem os empates nas deliberações (apesar da possibilidade do chamado "voto de Minerva" do presidente do conselho). Estabeleceu-se como uma boa prática, que a quantidade deve situar-se entre cinco e 11 membros. Cinco como mínimo, pois sendo menos do que cinco teríamos três, e nesse caso apenas dois membros decidiriam, o que é um número muito reduzido para um colegiado. Onze como limite superior, pois tendo mais que isso o colegiado passaria a ter uma composição mais semelhante a uma miniassembleia, o que prejudicaria a qualidade e profundidade das discussões e deliberações.

A recomendação dessa faixa de quantidade de conselheiros é apenas uma diretriz e, claro, poderão ocorrer variações de acordo com o porte, setor de atividades ou complexidade do negócio.

Independência dos conselheiros

A responsabilidade dos conselheiros de administração é com a sociedade, independentemente do acionista, grupo controlador ou minoritário, administrador ou parte interessada que, de algum modo, foi importante para sua indicação à cadeira do conselho. Essa independência dos conselheiros de administração é fundamental para que as deliberações visem ao melhor para a companhia e não privilegiem interesses individuais.

Os mesmos conselheiros devem trabalhar de forma técnica e, o mais importante, com a máxima isenção emocional e financeira, além da não influência de relacionamentos pessoais ou profissionais. Devem criar e conservar valores para a organização em geral e entender os aspectos legais e éticos envolvidos em suas decisões e deliberações.

GOVERNANÇA CORPORATIVA

São práticas condizentes com a independência esperada dos conselheiros de administração:

- a utilização de todos os meios disponíveis para a avaliação sobre sua própria independência, refletindo sobre sua capacidade de julgamento independente diante dos temas avaliados no conselho;
- a privação em discussões, decisões e deliberações em que possam ocorrer situações de conflito de interesses;
- a preservação do interesse da organização em seu voto, caso haja algum tipo de orientação originada de um eventual acordo de sócios. Deve ser avaliada criticamente pelo conselheiro a direção do voto do sócio, sendo que essa direção deverá ser seguida apenas se atender aos interesses da organização;
- a renúncia do cargo em situações em que a autonomia do conselheiro de administração não puder ser preservada em razão de pressões ou constrangimentos indevidos. Essa renúncia não deverá impedir a produção de denúncia à assembleia geral e/ou até mesmo ao órgão regulador (CVM, por exemplo);
- a não atuação de membros do conselho como consultores ou assessores remunerados da organização.

Classes de conselheiros

Notam-se três classes de conselheiros:

- conselheiros internos – são diretores ou empregados da organização;
- conselheiros externos – não possuem vínculo atual comercial, empregatício ou de direção com a organização, sendo que

AS BOAS PRÁTICAS DE GOVERNANÇA CORPORATIVA

não são independentes, como ex-diretores ou ex-empregados, advogados e consultores prestadores de serviços à empresa, aos sócios ou empregados de todo o grupo controlador ou grupo econômico, e parentes próximos e gestores de fundos com participação importante;

- conselheiros independentes – são conselheiros externos que não possuem qualquer relação familiar, de negócio ou de qualquer outra relação com sócios de forma relevante. Além de grupos controladores e executivos, há prestadores de serviços ou entidades sem fins lucrativos que podem ou não induzir significativamente opiniões, propósitos ou até mesmo comprometer seus atos relativos aos melhores interesses da organização. As funções dos conselheiros independentes são de extrema importância para empresas com capital disperso e sem características de controle definidas, nas quais deverá ser contrabalançada a atuação predominante da diretoria.

São consideradas boas práticas vinculadas às classes de conselheiros:

- evitar a indicação de conselheiros internos para a composição do conselho, com o intuito de promoção – por exemplo, a promoção de um diretor ou presidente ao conselho de administração. Essa prática visa à preservação da independência no julgamento geral de conselheiros e integridade do sistema de governança. Desse modo é boa prática que o conselho de administração seja composto apenas por conselheiros externos e independentes, sendo os independentes os ocupantes de maior participação na composição das cadeiras;
- assim como todos os membros do conselho, o novo indicado e eleito à composição do conselho deverá defender todos os interesses da organização diante da lei e se posicionar com as competências necessárias para o desempenho de suas ações;

GOVERNANÇA CORPORATIVA

- o conselho deve anunciar os conselheiros independentes, além de indicar e explicar quaisquer situações que comprometam sua independência, tais como:
  - ter trabalhado como administrador ou empregado da organização de algum sócio com considerável envolvimento ou em grupo de controle ou de auditoria independente que esteja atualmente auditando ou que já tenha realizado auditoria na organização, ou também em entidade sem fins lucrativos, que possua algum envolvimento com a organização de maneira que a mesma, ou suas partes relacionadas, financiem recursos significativos à entidade;
  - atuar diretamente ou como sócio, acionista, conselheiro ou diretor em um dos parceiros comerciais consideráveis para a organização;
  - apresentar familiaridades próximas ou relações pessoais importantes com sócios, conselheiro ou diretores da organização;
  - cumprir uma quantidade excessiva de mandatos consecutivos como participante do conselho da organização;
- ocasionais comprometimentos da independência de conselheiros em certos momentos não impossibilitarão o profissional de voltar a apresentar condição favorável futuramente. Para que ocorra a recuperação dessa situação, será necessária a avaliação das mudanças de aspectos que anteriormente comprometeram a independência do conselheiro.

Papel dos conselheiros independentes em situações de conflito

Caso a organização opte por ter um diretor presidente (CEO) que acumule as funções de presidente do conselho de administração, poderão ocorrer situações de conflito de posicionamento entre

AS BOAS PRÁTICAS DE GOVERNANÇA CORPORATIVA

os dois cargos. Se isso ocorrer, isto é, se a mesma pessoa exercer o papel de presidente do conselho e de diretor presidente (atuar como conselheiro e como executivo) e essa situação impossibilitar a divisão clara das funções, recomenda-se que um dos conselheiros independentes assuma a liderança da condução da questão para que a mesma possa ser tratada com isenção.

O mandato do conselheiro de administração

O estabelecimento estatutário de prazos de mandato permite que, ao seu término, a organização possa avaliar o desempenho do conselheiro de administração e a contribuição efetiva de sua atuação para o alcance dos objetivos estratégicos da companhia no período. A reeleição pode ser desejável para construir um conselho experiente e produtivo, desde que vinculada aos resultados da avaliação.

A definição de dois anos como período máximo de mandato para um conselheiro de administração é considerada uma boa prática. Após esse período, o estatuto pode prever a reeleição não automática, ou seja, mediante um processo de avaliação do desempenho dos conselheiros. Essa prática permite a elevação do grau de qualidade e de experiência do conselho de administração.

Diferentemente de organizações do terceiro setor, que possuem a prática de renovação parcial de seu corpo de conselheiros por meio de eleições em diferentes assembleias, nas empresas a prática recomendada é a de eleição de todos os conselheiros de administração em uma única assembleia, sendo todo o conselho renovado a cada mandato.

Os resultados da avaliação anual – ou periódica – e o aperfeiçoamento da independência do conselho, independentemente da longa duração de permanência do mesmo, deverão ser considerados para a

GOVERNANÇA CORPORATIVA

renovação do mandado. Os critérios que deverão ser seguidos para efetuar a renovação do conselho devem estar no estatuto/contrato social ou no regimento interno do conselho. Com o objetivo de evitar a vitaliciedade, poderá ser assegurado um número máximo de anos de exercícios consecutivos no conselho.

Disponibilidade de tempo

O conselheiro de administração, além de participar presencialmente das reuniões do conselho e de avaliar e analisar a documentação prévia, também deve assumir as responsabilidades inerentes, observando e cumprindo seus deveres fiduciários previstos em lei, bem como os deveres de diligência, de informar e de manter lealdade com a organização. Um conselheiro deve, ainda, ter em mente sua responsabilidade com todas as partes interessadas da empresa, preparando-se e comprometendo-se com ativas participações nas reuniões do conselho de administração.

O tempo que o conselheiro irá dedicar a cada atividade deverá ser planejado e avaliado a partir da consideração de compromissos pessoais e profissionais em que já esteja envolvido. Entretanto, o mesmo deve informar à organização as demais atividades, cargos, conselhos e comitês que integra, principalmente se participar de cargos como o da presidência de conselho ou de executivo de primeiro escalão em outra organização. A informação ficará disponível para as partes interessadas, de maneira que o conselho e a assembleia geral façam a justa avaliação sobre sua disponibilidade de tempo.

O número máximo de outros conselhos, comitês e/ou cargos executivos que os conselheiros terão possibilidade de ocupar deverá sempre ser estabelecido pelo regimento interno do conselho de administração, considerando-se para tal a complexidade da organização e dedicação necessária ao cargo. O número específico

AS BOAS PRÁTICAS DE GOVERNANÇA CORPORATIVA

de ausências permitidas em reuniões sem que o conselheiro seja destituído do cargo também deverá ser previsto pelo estatuto/contrato social.

Presidente do conselho

O presidente do conselho é responsável pela busca da eficiência e qualidade no desempenho do órgão e de cada um de seus membros. Além dessa responsabilidade, quase que óbvia, do presidente do conselho, seu poder de articulação junto aos demais membros é fundamental para que o colegiado produza deliberações que visem ao desenvolvimento da organização. Algumas ferramentas, como a composição do conselho e sua diversificação, o treinamento constante e a avaliação periódica podem contribuir bastante para a eficiência e eficácia do órgão.

São funções do presidente do conselho de administração, entre outras:

- determinar os objetivos e programas do conselho de administração;
- certificar-se de que os conselheiros de administração tenham acesso completo e tempestivo aos dados e informações de que necessitam para amparar suas deliberações e exercer com responsabilidade seus mandatos;
- organizar e coordenar a agenda do conselho;
- presidir as reuniões;
- coordenar e supervisionar os demais conselheiros e suas atividades junto a eventuais comitês de suporte à decisão;
- designar responsabilidades e prazos;
- acompanhar o procedimento de avaliação dos membros do conselho de administração;

GOVERNANÇA CORPORATIVA

- ter um bom relacionamento com o executivo principal (CEO), para também poder transmitir-lhe as deliberações do conselho de administração.

Ausência do presidente do conselho

É uma boa prática a previsão de eleição de um vice-presidente do conselho de administração para que o mesmo possa substituir o presidente em eventuais ausências. Caso a eleição de um vice-presidente não esteja prevista no estatuto da empresa, o próprio conselho poderá estabelecer, em seu regimento interno, uma regra de escolha entre seus membros para que um conselheiro possa substituir o presidente em caso de necessidade.

Segregação das funções de presidente do conselho e diretor presidente

A concentração de funções do presidente do conselho e diretor presidente em uma única pessoa deve ser evitada para que não ocorra a centralização de poder e prejuízo na superintendência do conselho diante da diretoria. Não é também recomendado que o diretor presidente ocupe qualquer outra cadeira do conselho de administração, todavia ele pode e deve participar das reuniões do conselho quando convidado. Essas ocasiões são as chamadas "sessões executivas", nas quais não só o diretor presidente, mas até mesmo outros diretores podem ser convidados para prestar esclarecimentos, dar informações e dialogar em temas nos quais o conselho necessite de suporte. A participação não deverá dar ao diretor presidente ou a qualquer outro diretor convidado o direito de voto, sendo a deliberação exclusiva dos membros do conselho de administração.

Conselheiros suplentes

A presença constante em todas as reuniões do conselho de administração é responsabilidade essencial de um conselheiro. Participando de todas as reuniões, o conselheiro poderá ter total entendimento do histórico das discussões e, portanto, elevam-se a eficiência e a produtividade das reuniões. Os conselheiros possuem responsabilidades que não podem ser delegadas a outra pessoa, o que faz com que seja evitada a existência de conselheiros suplentes. Desse modo, não é recomendável a eleição de conselheiros suplentes. No caso de eventual vacância, recomenda-se aguardar a substituição da cadeira na assembleia. Se, eventualmente, a vacância for de mais de uma cadeira do conselho e for percebida queda na produtividade dos trabalhos, recomenda-se a convocação de uma assembleia geral extraordinária para preenchimento das vagas então existentes em vez de se fazer uso de conselheiros suplentes.

Avaliação do conselho de administração

A avaliação de desempenho de uma organização não deve se limitar às esferas táticas e operacionais. A avaliação permanente da atuação e do desempenho tanto do conselho de administração, como órgão colegiado, quanto de seus membros, como decisores, é de fundamental importância para que se assegure a qualidade na esfera estratégica da administração. Para que ocorra uma avaliação qualificada do conselho, os conselheiros possuem a responsabilidade de identificar desde os pontos fortes até os de melhoria de cada um dos conselheiros, de maneira individual, e do conselho como órgão colegiado.

A avaliação anual, ou ao menos regular, do conselho de administração poderá ser realizada por seus próprios membros e coorde-

GOVERNANÇA CORPORATIVA

nada pelo presidente do conselho. Em companhias de maior porte, a contratação de empresas especializadas nesse tipo de avaliação pode ser recomendada visando-se mais isenção.

O conselho possui a responsabilidade de divulgação das informações de todo o processo de avaliação e, para que os sócios e partes interessadas compreendam de forma correta sua atuação, se responsabilizará também pela sintetização dos pontos principais colocados para a melhoria do órgão e ações corretivas implementadas.

É ainda recomendado que seja realizada uma avaliação de todos os órgãos vinculados e subordinados ao conselho de administração, como os comitês de suporte à decisão, comitê de auditoria e eventuais outros que sejam instalados. O escopo da avaliação do conselho deve incluir:

- o próprio conselho, como órgão colegiado;
- os comitês de suporte à decisão e comitê de auditoria;
- o presidente do conselho de administração;
- os conselheiros, individualmente;
- a secretaria de governança.

Avaliação do diretor presidente e da diretoria executiva

Com o fim de alcançar os objetivos estratégicos determinados pelo conselho de administração, a revisão e a análise da contribuição dos executivos da organização deverão ser permitidas por meio da avaliação do diretor presidente e da diretoria objetivamente.

É de responsabilidade do conselho de administração:

- estabelecer metas para o diretor presidente (CEO) que sejam factíveis e estejam sempre alinhadas com a visão, missão e valores da empresa. As metas não devem se limitar a resultados econômicos e financeiros, mas também considerar indicadores de sustentabilidade que contemplem aspectos sociais, ambientais e que possam apontar eventuais riscos de geração de passivos intangíveis;

- executar a avaliação anual – e formal – do diretor presidente;
- aprovar e monitorar continuamente o programa de desenvolvimento individual do diretor presidente;
- compreender, analisar e aprovar os resultados da avaliação realizada pelo diretor presidente no que diz respeito aos diretores, fazendo referência tanto às metas quanto aos elementos subjetivos da avaliação, além de ponderar sobre a permanência ou não dos executivos em seus cargos diante da proposição do diretor presidente.

Planejamento de sucessão

O desenvolvimento do plano de sucessão tem como principal objetivo assegurar que, na vacância de algum executivo em posição-chave, a organização possa dispor de profissionais para a contratação imediata e/ou promoção interna, com as competências necessárias para dar continuidade às operações da empresa com tranquilidade.

O perfil dos principais cargos de liderança deverá ser reavaliado periodicamente pelo conselho de administração, levando em consideração os desafios apresentados em seu planejamento estratégico. Sendo assim, o mesmo poderá dispor do auxílio do comitê de pessoas, se existir.

O plano de sucessão do diretor presidente deverá ser sempre atualizado pelo conselho de administração. É de responsabilidade do presidente do conselho a liderança do planejamento de sucessão, além da certificação de que o diretor presidente possui um plano de sucessão atualizado para todos os cargos-chave da organização.

GOVERNANÇA CORPORATIVA

Para a avaliação de potenciais candidatos à sucessão do diretor presidente, é recomendável que o presidente do conselho procure aproximar os conselheiros de administração dos principais executivos da empresa.

Introdução à cultura organizacional da empresa

Tem sido uma prática cada vez mais frequente e recomendável na governança de grandes empresas a introdução dos novos conselheiros, principalmente os independentes, ao ambiente e à cultura organizacional. Essa introdução, geralmente, tem se dado por meio de programas de integração, que têm por função auxiliar os conselheiros nesse processo e potencializar resultados.

Os programas devem contemplar a história remota e recente da empresa, um panorama do setor em que atua, a apresentação dos principais executivos da empresa e das instalações. Todos os dados e informações necessários às atividades de um conselheiro devem ser previamente fornecidos a eles, e é recomendável, também, a liberação de acesso aos sistemas de gestão para que nenhuma informação seja omitida. Cabe destacar que é recomendável, ainda, que a área de tecnologia da informação – ou equivalente – limite o acesso aos sistemas de gestão da empresa apenas para consultas, não permitindo que conselheiros editem dados, exceto em eventuais módulos de simulação de resultados.

Educação continuada dos conselheiros

O conhecimento sobre a dinâmica da indústria, geração de valor da empresa e mudanças no ambiente de negócios são aspectos que o conselheiro de administração deverá conhecer, além de se

AS BOAS PRÁTICAS DE GOVERNANÇA CORPORATIVA

preocupar permanentemente com sua capacidade de governar a organização. É de extrema importância que o mesmo busque estar sempre atualizando seus conhecimentos e competências para o aperfeiçoamento de seu desenvolvimento e perspectiva de longo prazo no que concerne aos melhores interesses da organização.

É responsabilidade do presidente do conselho a liderança do processo de educação continuada dos conselheiros de administração, envolvendo-os em programas de capacitação avançada, participações em câmaras de comércio, associações de classe, congressos e outros eventos que possam contribuir com o aperfeiçoamento da capacidade decisória e deliberativa do conselheiro de administração.

Conselhos interconectados

O eventual ou possível conflito de interesses resultante da atuação dos conselheiros em outras empresas, seja atuando como conselheiro de administração, conselheiro fiscal, membro de comitê ou até mesmo executivo ou acionista, deverá ser informado à empresa.

Os conselheiros de administração devem sempre firmar documento que expresse sua declaração de desimpedimento e ausência de conflito de interesses na ocupação de uma cadeira no conselho de administração. Para tal, deverá informar, formalmente, suas eventuais outras participações em conselhos de administração, conselhos fiscais ou conselhos consultivos de que participa, bem como consultorias ou outros trabalhos que realiza em empresas, concorrentes ou não. Essas informações devem ser prestadas no início do mandato e tempestivamente no caso de mudanças durante o período em que estiver ocupando o cargo de conselheiro.

Se o conselho identificar algum conflito de interesses no que diz respeito a seus membros, a conveniência da continuidade desse membro deverá ser avaliada pelo colegiado e será submetida à

GOVERNANÇA CORPORATIVA

assembleia geral. Todas as informações, junto com as relativas à atividade principal do conselheiro, serão divulgadas e disponibilizadas em relatórios constantes em meios de comunicação da organização e com qualidade informativa.

Remuneração dos conselheiros de administração

A remuneração dos conselheiros de administração deve ser adequada ao porte da organização, ao setor de atividade em que se insere, qualificações e competências exigidas e resultados gerados para a empresa.

Deve haver um procedimento formal e claro nas organizações para a aprovação da assembleia geral no que diz respeito à remuneração dos conselheiros. Por exemplo, deve-se evitar a remuneração ou recompensa por participação em reuniões. Portanto, é recomendado que se estabeleça uma remuneração mensal, fixa e igual para todos os conselheiros.

O presidente, por possuir outras responsabilidades e ter maior dedicação de tempo, poderá receber uma remuneração adicional, porém não deve ser excessivamente superior à remuneração dos demais conselheiros. Também se pode oferecer uma remuneração adicional a conselheiros que liderem ou componham comitês de suporte à decisão.

Caso a empresa tenha política de remuneração e recompensa variável em função de desempenho ou de alcance de resultados, é fortemente recomendável que não sejam atreladas a resultados ou indicadores de curto prazo. As eventuais premiações a conselheiros de administração devem ser vinculadas a métricas de médio e longo prazos e, preferencialmente, mirando resultados econômicos que possam ser mensurados por uma composição de indicadores tangíveis e intangíveis. Uma remuneração variável que se calque

AS BOAS PRÁTICAS DE GOVERNANÇA CORPORATIVA

exclusivamente no lucro líquido apurado em um trimestre ou até mesmo em um exercício fiscal poderá, por exemplo, estimular ações que possam gerar passivos intangíveis e macular a reputação da empresa. Adensaremos esta reflexão no capítulo 4.

A transparência na remuneração de conselheiros é outra prática recomendável, mas que não é muito utilizada no Brasil. Seja de modo individual, por conselheiro, ou pelo menos de modo agregado com a informação da remuneração total do colegiado, deve haver a informação da remuneração, comparando-a com os valores praticados no mercado ou no setor de atividade da empresa.

Apesar de não ser considerada uma remuneração direta, mas um benefício indireto, tem-se aumentado a prática da oferta do seguro de responsabilidade civil conhecido como D&O (da sigla em inglês *directors and officers liability insurance*). É um seguro oferecido aos conselheiros de administração de forma coletiva. A cobertura pode se estender aos demais executivos que atuam tanto na empresa quanto em suas eventuais controladas, bem como aos que vierem a ingressar durante a vigência do seguro e àqueles que já tiverem ocupado essa posição antes de a apólice vigorar. O D&O tem cobertura vinculada aos atos de gestão praticados no exercício das atribuições, a saber:

- despesas inerentes à defesa com processos e honorários advocatícios;
- condenações pecuniárias.

Advertimos que é comum a cobertura se estender até um ou dois anos depois de findo o mandato do conselheiro; no entanto é possível que uma eventual punição por erros cometidos se dê vários anos após o término do mandato, ocasião em que o conselheiro estaria vulnerável.

GOVERNANÇA CORPORATIVA

Orçamento do conselho de administração e consultorias externas

O conselho de administração não precisa se limitar a deliberar com base nas informações e diretrizes apuradas nas estruturas internas da empresa. Seguramente as decisões dos conselheiros serão beneficiadas com o suporte de consultas externas que necessitarão do devido financiamento orçamentário.

Deve haver uma rubrica específica para o conselho de administração no plano de contas da empresa, sempre submetida à aprovação dos acionistas. Diante da demanda de uma consulta a profissionais especialistas externos (advogados, economistas, auditores, tributaristas, engenheiros etc.), a empresa deve cobrir todas as despesas necessárias.

Os itens que podem constar no orçamento do conselho, entre outros são:

- remuneração de todos os membros do conselho e dos comitês;
- hospedagem, alimentação, deslocamento quando houver reuniões e visitas fora do domicílio do conselheiro;
- despesas em geral de treinamento e desenvolvimento;
- despesas relacionadas à secretaria de governança e eventos do conselho de administração;
- seguro de responsabilidade civil (D&O) para os administradores;
- verba disponibilizada para eventuais consultorias de especialização e honorários de profissionais externos;
- despesas de viagens para representar a organização.

AS BOAS PRÁTICAS DE GOVERNANÇA CORPORATIVA

Regimento interno do conselho de administração

O regimento interno é um documento muito importante para o regramento da atuação do conselho de administração. Tem como principal objetivo disciplinar as atividades e reuniões do conselho de administração com o propósito de proporcionar que a atuação esteja de acordo com os preceitos definidos pelo estatuto ou contrato social da empresa. Funciona como um instrumento de orientação à formalização dos principais processos de gestão do conselho de administração, sempre visando ao melhor desempenho do órgão e colaborando para o fortalecimento das boas práticas de governança corporativa.

Em um regimento interno que torne transparentes as responsabilidades, atribuições e regras de funcionamento de cada um dos órgãos, devem ser normatizadas tanto as atividades do conselho de administração quanto as atividades dos comitês, além das medidas que deverão ser tomadas em situações de conflito de interesses.

As companhias de capital aberto devem arquivar seus regimentos internos, tanto de seus conselhos quanto de seus comitês de suporte à decisão, na CVM e na bolsa de valores em que possuírem suas ações negociadas, além de disponibilizá-los em seus *websites*. As empresas de capital fechado não precisam ter seus regimentos internos publicados, mas é boa norma a disponibilização dos mesmos na sede da empresa para o acesso de acionistas, cotistas e demais administradores.

Práticas dos comitês do conselho de administração

Os comitês, como vimos no capítulo 1, são considerados órgãos, estatutários ou não, com a função de assessorar o conselho de administração. A existência dos mesmos não subentende a dele-

GOVERNANÇA CORPORATIVA

gação das responsabilidades do conselho como um todo, pois os comitês não possuem o poder de deliberação e suas recomendações não possuem vínculo com nenhuma deliberação do conselho de administração.

Os comitês específicos, ou *ad hoc*, podem realizar diversas atividades de competência do conselho que demandem uma disponibilidade maior de tempo para sua produção ou execução. Por exemplo, um conselho pode necessitar de um estudo mais aprofundado sobre a viabilidade da aquisição de uma empresa concorrente. Um comitê específico para a produção desse estudo pode ser instalado e ter um dos conselheiros como coordenador dos trabalhos (*champion*). Nesse caso seria um comitê temporário, ou com previsão de encerramento quando o estudo de viabilidade for concluído e apresentado à deliberação do conselho de administração. Há também a possibilidade de um conselho de administração demandar informações e análises mais densas sobre situações de riscos aos quais a empresa esteja exposta. Já nesse caso, um comitê de riscos e crises pode colaborar com a apuração e gestão contínua dessas situações de risco, o que o torna permanente.

Entre os comitês que podem ser criados, destacam-se:

- comitê de auditoria
- comitê de riscos e crises;
- comitê de sustentabilidade;
- comitê de orçamento;
- comitê de pessoas, recompensa e remuneração;
- comitê de novos negócios;
- comitê de políticas corporativas.

Os comitês possuem um caráter mais estratégico e formal, o que não impede o conselho de administração de criar outros grupos de trabalho ou comissões para tratar de assuntos mais específicos ou

AS BOAS PRÁTICAS DE GOVERNANÇA CORPORATIVA

pontuais, com o objetivo de apoiá-lo em suas decisões, não sendo necessariamente comitês.

Apesar de ser desejável e também considerada boa prática a formação dos comitês exclusivamente por conselheiros de administração, podem ser convocados executivos e demais profissionais do corpo de colaboradores da empresa, desde que estes tenham as competências necessárias ao objeto de produção do comitê e comprometam-se com a confidencialidade. O conselho também pode, se necessário, recomendar a contratação de profissionais de consultoria para reforçar a composição de um comitê.

Em casos específicos, alguns comitês podem ser exclusivamente formados por profissionais externos à empresa em função de sigilo estratégico. Essa situação normalmente ocorre com comitês de novos negócios, em que o conselho de administração necessita de um estudo de viabilidade de uma determinada fusão, aquisição ou incorporação e não pode correr o risco de essa intenção vazar para os colaboradores da empresa. Nesse caso, os profissionais ou consultorias que irão compor o comitê somente o farão após firmarem o devido termo de confidencialidade.

O regimento interno do conselho deverá prever o número máximo de comitês que poderão ser instalados ou, ao menos, funcionar simultaneamente, pois se houver quantidade em excesso poderão ser geradas interferências inadequadas que prejudiquem a produtividade das diretorias. A orientação sobre a formação e a coordenação dos comitês deve ser realizada pelo regimento interno do conselho, onde também deve estar previsto que a composição deles seja de conselheiros detentores tanto das competências quanto das habilidades satisfatórias ao objeto que motivou sua formação.

O coordenador do comitê, seja ele conselheiro (*champion*) ou não, deve sempre disponibilizar, com a devida antecedência, o parecer, estudo ou relatório de análise, juntamente com a recomendação de voto para o devido exame do conselho. O documento

GOVERNANÇA CORPORATIVA

deve ter como anexo a ata de reunião do comitê, além de todos os materiais relevantes (por exemplo: parecer dos consultores, advogados e outros especialistas) para formular a recomendação para o conselho.

É imprescindível que os membros dos comitês tenham experiência, conhecimento e, mais que tudo, independência de atuação sobre o tema. Deve haver, para cada comitê um coordenador que, de preferência, não coordene outro(s) comitê(s) para evitar eventuais situações de conflito de interesses.

A composição do comitê deve ser baseada em uma quantidade mínima de três membros, os quais deverão possuir conhecimentos sobre o tema em questão e contarão com, ao menos, um especialista no assunto.

Ainda, como boa prática, recomenda-se que o conselho de administração, ao instalar um comitê, edite um termo de abertura ou de instalação que formalize a justificativa (ou situação problema que provocou a instalação do comitê), os objetivos que o conselho espera dos trabalhos e o escopo de suas atividades. Dependendo das características do comitê, prazos poderão ser previamente estipulados nesse termo de abertura ou regularmente ajustados ao longo de suas atividades. Nesse termo também poderão constar os nomes dos integrantes e até mesmo limites orçamentários para sua atuação.

Recomenda-se que cada comitê possua regimento interno próprio aprovado pelo conselho, ou dispositivos reguladores previstos no regimento interno do próprio conselho de administração. O regimento próprio é o que normalmente diferencia um comitê de um grupo de trabalho ou comissão. O mandato de todos os membros dos comitês deve sempre coincidir com os mandatos dos conselheiros de administração.

Atribuições do conselho fiscal

O conselho fiscal é o órgão de governança ao qual os acionistas delegam a responsabilidade de fiscalização e controle da sociedade. Sua instalação é facultativa, de caráter permanente ou temporário, de acordo com os dispositivos estatutários de cada organização. Eleito pela assembleia geral, zela pela fiscalização isenta e independente dos administradores para informação aos acionistas. De modo diverso do conselho de administração, apesar de ser um colegiado, seus membros possuem poder de atuação individual. Como previsto em lei (art. 163 da Lei nº 6.404/1976 e art. 1.069 da Lei nº 10.406/2002), suas principais atribuições são:

- fiscalizar, por qualquer de seus membros, os atos dos administradores e verificar o cumprimento dos seus deveres legais e estatutários;
- opinar sobre o relatório anual da administração, fazendo constar de seu parecer as informações complementares que julgar necessárias ou úteis à deliberação da assembleia geral;
- opinar a respeito das propostas dos órgãos da administração a serem submetidas à assembleia geral, relativas à modificação do capital social, emissão de debêntures ou bônus de subscrição, planos de investimento ou orçamentos de capital, distribuição de dividendos, transformação, incorporação, fusão ou cisão;
- denunciar, por qualquer de seus membros, aos órgãos de administração e, se estes não tomarem as providências necessárias para a proteção dos interesses da companhia, à assembleia geral, os erros, fraudes ou crimes que descobrir, além de sugerir providências úteis à companhia;
- analisar, ao menos trimestralmente, o balancete e demais demonstrações financeiras elaboradas periodicamente pela organização;

- examinar as demonstrações financeiras do exercício social e opinar sobre elas (IBGC, 2015:81].

É importante não confundir as atribuições do conselho fiscal com as do comitê de auditoria. O primeiro, como vimos, possui delegação dos acionistas para a fiscalização independente dos demais administradores. Já o comitê de auditoria tem funções de controle, é instalado pelo conselho de administração, ao qual é subordinado.

Composição do conselho fiscal

É muito importante que a assembleia debata intensamente sobre o perfil desejado dos membros do conselho fiscal, levando-se em conta que é recomendável uma formação que privilegie a diversidade de experiências sem esquecer a necessidade de competências inerentes à função, como conhecimentos e habilidades na análise de demonstrativos financeiros. A participação de todos os acionistas, incluindo minoritários, no processo de indicação de membros para o conselho fiscal deve ser garantida, mesmo em companhias nas quais o controle não seja definido. Nas companhias em que o controle esteja definido, os acionistas que o detêm devem declinar do direito de eleger a maioria dos membros e permitir que seja formada pelos acionistas minoritários.

As relações do conselho fiscal

A atuação dos conselheiros deve, antes de tudo, firmar-se nos princípios da transparência, equidade, prestação de contas e responsabilidade corporativa. Veremos esses princípios com mais profundidade no capítulo 3. Além desses princípios, é importante que os conselheiros fiscais também se apoiem nos princípios da independência e da confidencialidade. Isto posto, caberá aos conselheiros uma atuação que passará por relacionamentos com outros importantes agentes da governança, como os acionistas, os conselheiros de administração, os auditores independentes, os auditores internos e demais administradores.

Em função de tais relacionamentos, alguns cuidados devem estar presentes. Por exemplo, ao menos um dos membros do conselho fiscal deve se fazer presente nos eventos relevantes, tais como reuniões da área de relações com investidores, com analistas de mercado e afins. Também é importante que seja realizada uma gestão harmônica das atividades do conselho fiscal com as atividades do comitê de auditoria para que sejam evitados sombreamentos em suas atuações. Deve ser prerrogativa do conselho fiscal o acompanhamento dos trabalhos dos auditores independentes e o relacionamento dos mesmos com os gestores da empresa. O mesmo deve acontecer com os trabalhos da auditoria interna.

Remuneração dos conselheiros fiscais

Obviamente, a remuneração dos conselheiros fiscais deve ser justa e adequada às responsabilidades do cargo. Entretanto, nesse quesito também há de se ter cautela, como o cuidado em não remunerar conselheiros fiscais com métricas sobre resultados variáveis e, muito menos, algum tipo de remuneração complementar por parte dos sócios que os indicaram. É também recomendável que a remuneração dos conselheiros, se não de modo individual, ao menos de modo conjunto, seja divulgada no portal de governança da empresa.

Enfim, caro leitor, redigimos neste capítulo uma síntese das boas práticas de governança corporativa recomendadas pelo IBGC e, de certa forma pela CVM brasileira. São práticas que miram uma administração estratégica eficiente e eficaz, com a devida fiscalização e controle, levando segurança aos investidores, credores e demais *stakeholders* da companhia.

A arquitetura de governança vista no capítulo 1, complementada com as boas práticas vistas neste capítulo, não se bastam. Seriam apenas um mero organograma recheado por um fluxo de processos recomendados, mas que ainda careceria de seu principal ingrediente: pessoas. A estrutura de governança vista até aqui, por melhor que possa ser, deve alicerçar-se em bases sólidas. Essas bases fundamentam-se nos princípios da boa governança corporativa e devem ter o concreto ético das relações da empresa com todos os seus *stakeholders*. Estamos aqui falando de comportamentos humanos. Esses princípios, as influências comportamentais e vieses que afetam o processo decisório são a matéria-prima do próximo capítulo.

3
Princípios de governança e aspectos comportamentais do processo decisório

Como vimos nos capítulos anteriores, arquitetura de governança é uma estrutura organizacional que dependerá de um processo decisório fundamentado por boas práticas e pelo respeito aos princípios de governança e exercício da ética nas relações corporativas. O processo decisório de uma organização que promove a adoção de boas práticas de governança está intimamente ligado aos princípios de governança corporativa, haja vista que estes últimos produzem um sentimento de respeito e admiração com relação à organização que não apenas os adota, mas os pratica em suas decisões comerciais, de investimento e relacionamento com seus diversos públicos.

O contrário também pode acontecer: as empresas que não praticam a boa governança terão de explicar aos seus *stakeholders* por que não o fazem, uma vez que cada vez mais organizações de todos os matizes a vêm utilizando. Essas boas práticas – como vimos mais detalhadamente no capítulo 2 – foram construídas e alicerçadas sobre quatro princípios de governança corporativa que abordaremos neste capítulo. Procuraremos ir além dos princípios e apresentar aspectos comportamentais e vieses na tomada de decisão que podem influenciar, positiva ou negativamente, a governança de uma empresa.

GOVERNANÇA CORPORATIVA

Princípios de governança corporativa

Os princípios básicos de governança corporativa que adotaremos neste livro são os que as organizações brasileiras reconhecem como padrão de mercado e são os preconizados pelo IBGC no Código das Melhores Práticas de Governança Corporativa, em sua quinta edição (novembro de 2015). Outras definições podem ser consultadas, mas, em última análise, todas orbitam em torno dos mesmos princípios (alguns são adicionados e outros retirados, mas os citados a seguir são os mais comuns, presentes nos mais variados códigos de governança atualmente em uso).

Princípio da transparência

A transparência consiste em divulgar às partes interessadas não apenas as informações exigidas por lei, mas aquelas que a organização julga importantes para tomada de decisão ou mesmo para demonstrar adesão aos bons princípios de governança. Não deve se restringir ao desempenho econômico-financeiro, mas deve abranger outros aspectos da organização, inclusive intangíveis, que norteiam sua ação gerencial e a direcionam à preservação e otimização de valor. A lógica, por detrás da transparência, é a seguinte:

Transparência > confiança > crédito >
investimento > crescimento

Com mais transparência, obtém-se mais confiança; essa maior confiança leva a organização a obter mais crédito, que atrai maiores investimentos; esses maiores investimentos gerarão um maior crescimento. Obviamente, essas são premissas que, a depender de muitas variáveis – como momento do mercado, da conjuntura

PRINCÍPIOS DE GOVERNANÇA E ASPECTOS COMPORTAMENTAIS DO PROCESSO DECISÓRIO

econômica e do próprio negócio –, podem ou não acontecer e, em caso positivo, em maior ou menor grau; mas fazem da transparência um motor que, em última análise, levará a organização a obter um maior crescimento. Em resumo, não se trata apenas de uma boa ação. Isso, por si só, já seria uma boa coisa, mas poderia ser dissociada de um resultado superior. Não é o que sugere a lógica anterior: ao promovermos um melhor clima de confiança, com maior transparência, não apenas melhoramos o clima ao redor, mas ainda conseguimos um resultado superior.

Um exemplo típico de transparência nas companhias é a disposição em editar e publicar seus relatórios de sustentabilidade. Apesar de não ser uma publicação obrigatória e nem possuir um padrão único de demonstração dos indicadores, o relatório de sustentabilidade tem, no Brasil, recomendações e diretrizes organizadas pelo Instituto Ethos e, no nível global, há as diretrizes do GRI (Global Reporting Initiative). Como os indicadores de sustentabilidade são normalmente métricas intangíveis de medição de riscos de geração de passivos ambientais, fiscais, reputacionais, entre outros, são extremamente úteis às análises do mercado. Companhias que divulgam seus indicadores mostram onde estão suas fragilidades, principalmente aquelas não identificadas em seus demonstrativos contábeis e, desse modo, transmitem mais confiança aos investidores.

Outra iniciativa que demonstra que a companhia está se apoiando no princípio da transparência é a opção pela publicação de suas informações, obrigatórias e facultativas, nos chamados portais de governança. Atualmente esses portais são hospedados nos *websites* das empresas, e gerenciados pela área de relações com investidores. Neles, investidores, credores, clientes, fornecedores e todos os demais *stakeholders* da empresa podem ter acesso a informações que extrapolam o escopo contábil. Em resumo, a transparência reduz a assimetria informacional e, como consequência, o custo das transações das empresas que a praticam.

Princípio da equidade

Equidade não deve ser confundida com igualdade. Equidade é tratar todos de igual maneira, mas de acordo com as necessidades, interesses e expectativas de cada parte interessada. Não se espera que um pequeno investidor tenha as mesmas necessidades de informação que um acionista majoritário ou, ainda, as autoridades. Sendo assim, a equidade respeita as diferentes percepções dos variados *stakeholders* e os trata de acordo, diferentemente, segundo suas próprias diferenças. Novamente enfatizamos a diferença entre igualdade e equidade: igualdade é tratar todos da mesma maneira, independentemente de suas aspirações e necessidades. Já a equidade considera exatamente essas diferenças quando do relacionamento com os diversos públicos de uma organização.

Para deixarmos clara a diferença do princípio da equidade com o princípio constitucional da igualdade, explicitamos a Constituição Federal Brasileira de 1988, que dispõe, em seu art. 5º, *caput*:

> Art. 5º. Todos são iguais perante a lei, sem distinção de qualquer natureza, garantindo-se aos brasileiros e aos estrangeiros residentes no País a inviolabilidade do direito à vida, à liberdade, à igualdade, à segurança e à propriedade, nos termos seguintes.

O princípio da equidade pressupõe que as pessoas colocadas em situações diferentes sejam tratadas de forma desigual: "Dar tratamento isonômico às partes significa tratar igualmente os iguais e desigualmente os desiguais, na exata medida de suas desigualdades" (Nery Júnior, 1999:42).

O princípio da equidade, portanto, deve orientar os agentes de governança a buscarem a adaptação de uma regra existente a uma situação concreta, pautando-se pelo senso de justiça e igualdade.

O princípio da equidade, na governança ou no direito brasileiro, adapta uma regra a um caso específico, a fim de deixá-la mais justa. Sem a presença da equidade no ambiente jurídico, a aplicação da lei poderia se tornar excessivamente rígida em determinados casos, beneficiando boa parte da sociedade, mas, em contrapartida, poderia causar danos irreparáveis em alguns casos específicos por falta de cobertura da própria lei. Esta afirmação pode ser atestada no seguinte trecho de Calamandrei (1961 apud Carvalho Filho, 2003:171):

> o legislador permite ao juiz aplicar a norma com equidade, ou seja, temperar seu rigor naqueles casos em que a aplicação da mesma (no caso, "a mesma" seria "a lei") levaria ao sacrifício de interesses individuais que o legislador não pôde explicitamente proteger em sua norma.

Princípio da prestação de contas (*accountability*)

O princípio da prestação de contas fixa que cada agente de governança deve prestar contas de sua atuação de modo claro e compreensível, assumindo integralmente as consequências de seus atos ou omissões, atuando sempre com diligência e responsabilidade no âmbito dos seus papéis. Em suma, quem tem um mandato deve prestar contas a alguém: os supervisores prestam contas aos gerentes; estes, por sua vez, as prestam aos diretores, que prestam contas ao conselho de administração; o conselho de administração presta contas aos acionistas que poderão, ou não, reconduzi-los ao cargo na próxima assembleia geral ordinária. Não menos importante, é a prestação de contas da própria companhia à sociedade em que atua. Uma organização, portanto, deve prestar contas, seja por meio de reuniões e apresentações, seja por meio de relatórios e demonstrações financeiras publicadas.

É importante não confundirmos o princípio da prestação de contas com o princípio da transparência. *Accountability* é uma palavra de origem inglesa que foi traduzida para o português por meio da expressão "prestação de contas", porém há de se ter cautela com tal tradução. Na acepção inglesa, ela tem uma significação mais próxima de responsabilização, ou seja, aponta que quem desempenha funções de comando na empresa deve regularmente dar explicações sobre o que faz, como faz, por qual motivo faz, a qual custo e o que pretende ou vai fazer a seguir. Não se trata, portanto, apenas de prestar contas em termos de demonstrar números ou relatórios, mas de responder por tudo o que fez, faz, fará e até deixar de fazer.

Accountability é, portanto, um conceito que, ao menos no escopo do princípio de governança corporativa, é usado em circunstâncias que denotam responsabilidade civil, imputabilidade e obrigações. Na prática, a *accountability* é a situação em que um agente A reporta a um agente B sendo que o agente A é obrigado a prestar contas ao agente B de suas ações e omissões, passadas ou futuras, para justificá-las e, em caso de má conduta, receber as devidas punições (Schedler, 1999).

Como os agentes de governança devem responder por seus atos e omissões, tem sido frequente a contratação de seguros da modalidade D&O (*directors and officers liability insurance*), de responsabilidade civil, que possuem coberturas que objetivam proteger o patrimônio da empresa e de seus executivos – presidentes, diretores, conselheiros de administração e conselheiros fiscais e, até mesmo administradores de nível gerencial – quando estes eventualmente forem responsabilizados por atos ou omissões que provocaram danos materiais, corporais ou morais involuntários a terceiros.

PRINCÍPIOS DE GOVERNANÇA E ASPECTOS COMPORTAMENTAIS DO PROCESSO DECISÓRIO

Princípio da responsabilidade corporativa

Os agentes de governança devem zelar pela sustentabilidade do negócio, e não apenas pela sustentabilidade econômico-financeira, mas também levando em conta os impactos positivos e negativos que a atuação da organização possa ter no entorno. Para isso, devem considerar também os diversos capitais, como financeiro, intelectual, humano, social, ambiental, manufatureiro, reputacional e demais outros. Até bem pouco tempo, o foco era eminentemente financeiro, ou seja: a uma empresa de sucesso bastava ter um retorno financeiro aceitável. Assim também era com a aprovação dos projetos da mesma organização: projetos com valor presente líquido (VPL) positivo e taxa interna de retorno (TIR) superior ao custo de oportunidade seriam aprovados.

Atualmente, para que uma empresa seja considerada sustentável, de nada adianta um excelente desempenho financeiro, se não for levado em consideração o tão conhecido *triple bottom-line*, ou tríplice resultado nas dimensões econômica, social e ambiental. Em resumo, é necessário que a empresa seja economicamente saudável, socialmente justa e ambientalmente responsável. Uma empresa pode até ser muito bem-sucedida financeiramente, mas se não ficar atenta às demais dimensões poderá enfrentar a fúria da mídia, dos fornecedores, clientes, colaboradores e até dos investidores.

Zelar pela sustentabilidade das empresas é uma atividade sistêmica, transversal e altamente estratégica, sendo pauta prioritária dos conselhos de administração mais responsáveis e cientes do papel da companhia junto à sociedade e ao meio ambiente. Adotando o princípio da responsabilidade corporativa, a empresa proporciona maior segurança a seus investidores e gera valor. Esse tema será analisado no capítulo 4.

Por ora, é importante reconhecermos que a manutenção dos princípios de governança corporativa de que aqui tratamos só

GOVERNANÇA CORPORATIVA

ocorrerá de modo razoável se existir uma disposição dos gestores, principalmente os administradores da alta esfera estratégica, como diretores, presidentes e conselheiros, em sustentar comportamentos éticos e colaborativos. Diante disso, veremos, a seguir, alguns aspectos comportamentais que influenciam as deliberações corporativas chegando, em determinadas circunstâncias, até a comprometer a sustentabilidade das organizações.

Aspectos comportamentais do processo decisório

Antes de tratarmos dos aspectos efetivamente comportamentais do processo decisório, é importante deixarmos claro que a boa governança prevê alguns cuidados mais formais com as deliberações corporativas de caráter mais estratégico. Como são decisões que normalmente podem impactar valores altamente significativos e ainda podem provocar impactos capazes de comprometer até a própria continuidade do negócio, é de boa norma um maior grau de formalidade e de burocracia no processo decisório. É fortemente recomendado que as principais decisões sejam registradas (em ata ou documento equivalente) para resguardar as potenciais responsabilidades ou dissidências eventualmente existentes. A esse respeito, em caso de dissidência ou discordância, enfatizamos a necessidade de se registrar tal voto em separado. Essa providência pode livrar o administrador (aqui entendido como previsto na Lei das S.A., um conselheiro ou diretor estatutário) de uma possível punição. Por exemplo, caso o conselho de administração ou a diretoria tenha votado algum tema e alguém discorde, que o faça por escrito, registrando em documento apropriado; isso pode livrá-lo de punições, multas ou até prisão, caso a deliberação venha a ferir algum dispositivo legal ou provocar consequências danosas.

PRINCÍPIOS DE GOVERNANÇA E ASPECTOS COMPORTAMENTAIS DO PROCESSO DECISÓRIO

Devemos ainda escolher bem as cores com as quais desejamos pintar nossas decisões: se as pintarmos com cores excessivamente claras, amenizando a realidade, podemos estar incorrendo em corresponsabilização ao não deixarmos claro o grau de risco que a organização está correndo; por outro lado, se escolhermos cores muito escuras, enfatizando em demasia o risco, podemos estar piorando as coisas e, também nesse caso, estaremos incorrendo em maiores riscos pessoais, pois algum investidor ou ente que se sinta prejudicado por nossos comentários pode nos acionar na Justiça. Em suma, nosso julgamento deve basear-se, sempre que possível, em fatos ou evidências, mais que em percepções e opiniões, sempre sujeitos a filtros e distorções advindos de nossas experiências pessoais.

O processo decisório tende a ser um reflexo da organização, das escolhas que faz, dos valores que adota e, portanto, da cultura que divulga e pratica. Claro está que não se pode simplesmente copiar o processo decisório de uma organização em outra, sem considerar esses aspectos.

Cada organização tem seu próprio processo decisório, e a negação desse fato pode implicar sérios problemas ao conselheiro profissional, que atua em mais de uma organização, por exemplo. Ele pode tentar adotar a mesma postura em diferentes organizações, com processos decisórios muito distintos e, provavelmente, não será bem-sucedido ao não perceber corretamente tais diferenças. Uma organização pode, por exemplo, adotar processo informal, outra um processo mais formal ou demorado, uma terceira pode ainda adotar um processo intermediário entre os dois anteriores. Assim, tais processos demandam uma postura muito diferente em cada organização. Caso o conselheiro de administração – ou mesmo o diretor – tente adotar sempre a mesma postura, estará fadado ao fracasso.

Uma das características típicas de uma estrutura de governança e, mais especificamente, do seu processo decisório, é a composição dos órgãos de modo colegiado. Como vimos no capítulo 1, a assembleia geral é o colegiado soberano composto pelos acionistas da companhia. Esse coletivo delega ao conselho de administração, outro importante colegiado, a direção estratégica dos negócios. Para poder deliberar com maior segurança, o conselho de administração se vale de pareceres, estudos, projetos, análises e recomendações de voto dos comitês de suporte à decisão e, também, de órgãos colegiados. Some a esses os conselhos consultivos e conselhos de família, também de formação coletiva. Por fim, a fiscalização é exercida por mais um colegiado importantíssimo: o conselho fiscal.

As ciências humanas e sociais têm estudado há tempos o comportamento humano em seus mais diferentes ambientes e circunstâncias. Alguns importantes pesquisadores dedicaram-se, no último século, a estudos desses comportamentos no ambiente corporativo. É farta a literatura sobre tais comportamentos, principalmente considerando-se aqueles nos quais estão envolvidas decisões individuais. Queremos, a seguir, destacar algumas linhas comportamentais mais relacionadas com decisões em coletivos humanos, como os que encontramos nos colegiados da arquitetura de governança. Trataremos, a seguir, desses comportamentos e de alguns vieses influenciadores das decisões no ambiente corporativo, pois estamos seguros de que nada adianta instalarmos uma arquitetura de governança, adotarmos princípios e boas práticas se os agentes, ou seja, as pessoas que compõem o sistema não apresentarem comportamentos adequados e alinhados.

Teoria da agência

A governança corporativa, como atualmente a conhecemos, ressurgiu com força anos 1990 a partir da constatação de que os conselhos

PRINCÍPIOS DE GOVERNANÇA E ASPECTOS COMPORTAMENTAIS DO PROCESSO DECISÓRIO

não atuavam com a diligência necessária e de que algumas empresas independentes de auditoria faziam vista grossa, por exemplo, aos excessos de alguns executivos ou à inação de conselheiros. A governança, portanto, surgiu para diminuir os efeitos do problema de agência. Antes de avançarmos vamos esclarecer o que vem a ser o problema ou conflito de agência.

A "teoria de agência", também chamada "teoria do agente principal", formalizada no artigo de Jensen e Meckling em 1976, é uma das principais teorias de finanças e, resumidamente, retrata o relacionamento entre o principal ou dono do empreendimento e um terceiro, também conhecido como agente. Essa teoria demonstra que, quando ambos os atores agem em conformidade não há conflito, mas quando divergem, aparece o problema, ou conflito, de agência. Isso ocorre quando os agentes, em vez de buscarem obter a maximização da riqueza da organização para a qual trabalham, o fazem em benefício próprio, conflitando com o desejo do principal, que é o proprietário.

Em organizações nas quais o principal é único ou em número reduzido, o conflito de agência se caracteriza entre o principal majoritário (o dono), que concentra o poder de decisão, e os demais acionistas ou cotistas, no caso de uma empresa de responsabilidade limitada, minoritários. No caso de organização em que o controle é difuso ou disperso, ou seja, em que o maior acionista não decide sozinho, na prática o conflito de agência ocorre entre as várias dezenas de acionistas e os agentes ou diretores. Claro está que nesse ambiente onde não há um dono único, quem de fato detém o poder é o agente (diretor presidente ou equivalente) e se não houver claro alinhamento de metas e objetivos entre ele e os proprietários, esse agente pode tomar decisões em benefício próprio, em detrimento dos principais. Enfatizamos o cuidado que os proprietários de uma organização com capital diluído devem tomar quando da contratação e monitoramento do principal executivo.

O quadro 2 mostra o principal conflito de agência, levando-se em conta o grau de concentração acionária.

Quadro 2
Conflitos de agência

País	Principal conflito	Principal problema a ser enfrentado
EUA	Conflito entre executivos e acionistas em uma situação de estrutura de propriedade pulverizada.	Manipulação dos resultados como forma de aumentar a remuneração pessoal dos executivos.
Brasil e outros emergentes	Conflito entre acionistas controladores e minoritários em uma situação de estrutura de propriedade concentrada.	Extração de benefícios privados do controle pelos acionistas controladores, por meio de transações com partes relacionadas e outras formas de autobenefício.

A explicação do quadro 2 fica clara na medida da concentração do controle acionário. Numa organização de poucos "principais" ou donos, são eles que detêm o poder, para o bem ou para o mal. No caso extremo de uso do poder para o mal, eles poderiam se beneficiar como nos exemplos citados no quadro, efetuando contratos de fornecimento com partes relacionadas, benefícios que os demais acionistas ou cotistas minoritários não usufruiriam. É o caso típico de grande parte das empresas brasileiras, em que poucos donos são os controladores. Por outro lado, em caso de dispersão do controle, ou propriedade pulverizada, quem na realidade detém o poder são os agentes (diretores e gerentes), haja vista que eles têm contato diário com a realidade da organização e informação imediata, podendo fazer uso delas ainda que em detrimento dos "principais" (acionistas).

O problema, aqui, é que ao tentarem se beneficiar em primeiro lugar, eles poderiam tomar decisões que maximizassem seu bônus e salário variável (com foco no curto prazo), ainda que a empresa, no médio e no longo prazos, venha a sofrer prejuízos ou mesmo

PRINCÍPIOS DE GOVERNANÇA E ASPECTOS COMPORTAMENTAIS DO PROCESSO DECISÓRIO

falência. No caso Enron (empresa americana, que quebrou após inúmeros problemas de ordem ética e moral), na busca de bônus sobre os lucros trimestrais alcançados, seus executivos principais, e entre eles o próprio CEO, utilizaram-se de mecanismos fraudulentos, manipularam as informações contábeis para que demonstrassem lucros onde eles não existiam. A artimanha rendeu a esses executivos bônus milionários por algum tempo; todavia o mercado acabou tomando conhecimento das fraudes e, quando isso acontece, rapidamente desperta a principal característica dos investidores: a aversão a riscos. Os investidores da Enron começaram a vender suas ações e esse movimento provocou a queda acentuada dos preços. Quando os preços caem, outros investidores começam a fugir e vender suas ações (fato também conhecido como comportamento de manada). Para encurtarmos a história, em 28 dias as ações da empresa viraram pó. A empresa quebrou.

Importante, portanto, é que o sistema de salário baseado em metas esteja alinhado ao estilo ganha-ganha ou perde-perde, no qual ganham os agentes e principais ou ambos perdem, mas com a alta dispersão de controle fica difícil uma supervisão mais acirrada e depende-se muito da probidade dos gestores. Como vimos recentemente nos escândalos ocorridos nos EUA, em quase todas as ocasiões o controle era disperso, dificultando o acompanhamento do que os gestores/agentes estavam fazendo. Não estamos afirmando que existem mais fraudes no controle acionário disperso, mas seu acompanhamento tende a ser mais difícil.

Uma das modalidades de remuneração de executivos que tem sido adotada por empresas mais aderentes ao princípio da responsabilidade corporativa é o que considera bonificações baseadas em múltiplas métricas e que funciona em sistema de peso e contrapeso. Exemplificando, uma companhia pode oferecer aos seus executivos, além de seus salários, um bônus sobre lucros anuais, como os programas de participação nos resultados oferecidos por muitas empresas brasileiras,

GOVERNANÇA CORPORATIVA

mas atrelados a outros indicadores de médio e longo prazos. Algo como premiar os executivos se eles conseguirem atingir a meta de lucro ao mesmo tempo que também consigam reduzir um indicador de passivo intangível trabalhista, ambiental ou tributário, por exemplo. Esse tipo de recompensa, que considera pesos e contrapesos é mais saudável que os baseados em métricas únicas e de curto prazo.

Para uma blindagem maior contra danos causados pelo conflito de agência, um sistema de remuneração e recompensa tradicionalmente aplicado nas corporações americanas tem demonstrado bons resultados. Trata-se da recompensa baseada em *stock options* ou opções de ações. Nessa modalidade, os executivos que atingirem determinadas metas recebem as opções de aquisição de ações com deságio e que só poderão ser exercidas alguns anos à frente. Para que esses executivos consigam auferir lucros com a venda das ações, eles precisam permanecer na empresa no médio e no longo prazos (sob pena de perderem as opções, dependendo do regulamento do programa) e atuar com responsabilidade e ética para que essas ações não se desvalorizem no mercado. Em outras palavras, apesar de operarem como administradores, acabam por pensar como acionistas, reduzindo significativamente o conflito de agência.

Outro ponto que gostaríamos de ressaltar é que várias empresas brasileiras já podem ser consideradas de controle difuso ou disperso, ou seja, vamos ficar atentos, pois alguns escândalos podem ser planejados e, nessa situação de controle debilitado, a índole dos gestores deve ser ainda mais elevada, e plenamente alinhada aos valores da organização. Novamente reiteramos que não somos contra o controle disperso; apenas enfatizamos que ele requer maior controle por parte dos acionistas, uma vez que quem detém o poder nessa situação são os agentes ou executivos.

Finalmente, o custo desse conflito tende a ser pago pelos principais. Explicamos melhor: em uma situação em que não há separação entre a propriedade e o controle, é quase inexistente o conflito de

PRINCÍPIOS DE GOVERNANÇA E ASPECTOS COMPORTAMENTAIS DO PROCESSO DECISÓRIO

agência, uma vez que os mesmos personagens atuam nos dois papéis, nas duas pontas; mas ao separarmos o controle da propriedade, ocasião em que aparece a figura do agente – e isso acontece mais frequentemente com a profissionalização da empresa ou com seu crescimento – o conflito de agência está presente, não cabe sua negação. Como enfrentá-lo é a questão. Nesse momento os principais (donos), na esperança de diminuir sua exposição aos agentes (conselheiros e diretores), tendem a fazer vários movimentos de defesa: separação do cargo de presidente do conselho do de diretor presidente; contratação de auditorias externa e interna; separação das funções de compra, autorização, assinatura e pagamento, entre outros. Todos esses custos adicionais serão deduzidos do que seria pago aos principais a título de dividendos sendo, portanto, pagos por eles.

Teoria dos jogos e a tragédia dos comuns

A teoria dos jogos pode explicar, e muito, o comportamento dos agentes e principais em situações cotidianas. Duas personalidades são importantes para entendermos a teoria dos jogos. São elas o matemático John von Neumann (1903-1957) e o economista Oskar Morgenstern (1902-1977). Eles sistematizaram a área da teoria dos jogos e, posteriormente, o matemático John Forbes Nash Jr., ganhador do prêmio Nobel de economia em 1994, ganhou notoriedade no mundo acadêmico por suas contribuições à teoria. John Nash teve sua vida retratada no filme *Uma mente brilhante*, de 2001.

Originalmente, utilizavam-se jogos em que os participantes faziam suas escolhas baseados nas decisões de seus oponentes. Naquela época, os pesquisadores estudavam funções matemáticas que tentavam explicar como os jogadores cooperavam ou competiam. Nash determinou o ponto de equilíbrio dessa relação, que passou a ter seu nome – o equilíbrio de Nash.

GOVERNANÇA CORPORATIVA

Até então, achava-se que tudo era um jogo de soma zero, ou seja, quando um jogador ganha, o outro invariavelmente perde, e vice-versa; portanto, ninguém se importava em estudar a fundo o comportamento dos jogadores. Isso era visto mais como uma formalidade: sempre um ganha e sempre o outro tende a perder.

Um dos mais famosos estudos sobre o equilíbrio de Nash de que se tem notícia é o dilema dos prisioneiros, no qual dois homens suspeitos de cometer o mesmo crime são presos. Não há provas suficientes contra eles, que são constantemente interrogados e negam ter cometido tal crime. A polícia, então, os encoraja a delatar um ao outro, fazendo-lhes, em separado, a seguinte oferta, e prometendo em troca, a liberdade: se os dois se acusarem mutuamente, serão igualmente condenados; caso se calem, terão suas penas eliminadas ou reduzidas. Mas como um não sabe o que o outro fará (pois estão em celas separadas e incomunicáveis), isso aumenta a probabilidade de um acusar o outro na tentativa de se livrar, o que aumenta a possibilidade de ambos serem presos.

A melhor solução para ambos é a menos provável: ambos se calarem, pois requer colaboração mútua e cega (eles não conversam e não podem combinar a estratégia). Dessa forma, o mais provável é que ambos acabem por se acusar mutuamente, sendo ambos presos, já que os dois têm mais a ganhar teoricamente, acusando um ao outro. O equilíbrio de Nash proposto nessa situação problema é a solução em que ninguém pode melhorar seu resultado pensando somente em si (ação unilateral), ou seja, se um decide dizer que é inocente, mas o outro o delata, ele é preso; logo ele tende a também delatar o companheiro, que igualmente será preso.

A teoria dos jogos, quando aplicada às ciências sociais ou a uma organização, visa estimar o equilíbrio – ou ponto ótimo para ambas as partes, objetivando minimizar as ações individuais numa interação estratégica em que um ganha e os demais perdem. Nesse caso, poderia ser: o agente ganha e os principais, junto com a empresa, perdem. Novamente ressaltamos a importância de se pensar no comportamento dos atores (principais e agentes) quando do estabelecimento de metas e objetivos estratégicos de uma organização, tentando evitar que um ganhe em detrimento de muitos.

A tragédia dos comuns é uma situação típica em que quando um ganha – agindo individual e egoisticamente –, outros tendem a perder. A hipótese levantada pela tragédia dos comuns é o livre acesso e a demanda irrestrita por um recurso finito, que termina por condenar todos por conta da exploração do tal recurso finito. Esse conceito foi originalmente baseado em um ensaio do matemático William Forster Lloyd (1794-1852) sobre a posse comunal da terra em aldeias medievais (mas foi popularizado pelo ecologista Garret Hardin no ensaio *The tragedy of the commons*, publicado em 1968 na revista *Science*). Outras fontes tendem a ser citadas, a esse respeito, como a fonte original (inclusive Aristóteles).

Em resumo, imagine, leitor, que você está numa terra definida – um terreno, por exemplo – no qual todos podem plantar e colher. Imagine que todos colaboram e decidem dividir tal terreno em partes iguais. Imagine ainda que todos decidem plantar o suficiente para que a terra não sofra da falta de nutrientes. Nessa situação, tudo está em equilíbrio – situação na qual todos plantam nas mesmas quantidades e a terra continua a fornecer os alimentos necessários ao sustento de todos que nela plantam. Agora imagine que uma pessoa decida plantar o dobro das demais, obtendo o dobro do resultado e, igualmente, o dobro do dinheiro obtido com a venda do excedente. Se somente essa pessoa o fizer, o equilíbrio do todo não sofrerá muito, mas o que acontecerá se outros resolverem fazer o mesmo? E o que acontecerá se todos resolverem fazer o mesmo, exceto você, que é o único que ainda pensa na coletividade e no equilíbrio do sistema?

Você já deve ter concluído que, quando cada um pensa somente em si, todo o sistema tende a perder, mas aqui o pensamento individual tende a vencer. Cada um pensa assim: se todos agirem assim

GOVERNANÇA CORPORATIVA

e somente eu não o fizer, eu serei o único a perder; então, também o farei. Ocorre que se todos assim pensarem, o sistema tenderá a colapsar, pois a terra padecerá da falta de nutrientes, o solo não se recomporá e, no longo prazo, todos perderão.

Novamente voltamos ao entorno empresarial. Se um empreendedor pensar em maximizar sua riqueza em detrimento dos demais, até pode ganhar muito mais que os demais no curto e no médio prazos, mas tenderá a colapsar o sistema no longo prazo.

Como funcionaria isso numa situação de principal × agente, em uma empresa? Talvez o agente pense somente no seu bem-estar, tentando maximizá-lo, mas ao fazê-lo poderá colocar toda a organização em xeque, pois ele poderá estar minando o ganho da organização como um todo. Alguns escândalos recentes, em que organizações inteiras deixaram de existir, mostraram que vários agentes ganharam bônus extraordinários, mas à custa de seus empregadores. No que eles estavam pensando durante sua peregrinação rumo ao seu tão sonhado bônus? Certamente não era no bem comum, senão as organizações não teriam perecido. Pelo contrário, ao buscar incessantemente apenas seu bem-estar, eles comprometeram os objetivos da organização, ou até mesmo do entorno dela, contagiando bairros, cidades ou estados, a depender do tamanho da organização que colapsou.

O mesmo ocorre, por exemplo, quando um motorista egoísta decide ultrapassar, pelo acostamento, os demais carros parados à sua frente. Se somente ele o fizer, não teremos grandes efeitos, mas ao perceber que os demais o seguem, você pode sentir-se atraído e também proceder assim. Ao final, se muitos motoristas decidirem seguir esse comportamento, teremos como resultado um congestionamento ainda maior, pois lá na frente, ao tentar voltar para a pista principal, os aproveitadores tenderão a parar a pista de rolamento, com desdobramentos nos quilômetros de fila que se sucederão a esse comportamento tipicamente egoísta.

Vieses na tomada de decisão

O mundo corporativo experimenta mudanças em uma frequência cada vez maior, e os gestores e demais tomadores de decisão vêm, por outro lado, dispondo cada vez de menos tempo para aprender e reagir a tais mudanças. Somos, na vida pessoal ou profissional, todos dependentes do julgamento intuitivo e do modo como alguns vieses decisórios o afetam. Conhecer a teoria do julgamento e da tomada de decisão é essencial a quem milita na mais alta esfera decisória de uma organização. Acionistas e cotistas, conselheiros, CEOs e diretores executivos, como principais atores do processo decisório em uma arquitetura de governança, devem entender fatores que influenciam suas decisões e as de seus pares para que melhores resultados sejam alcançados.

Em 2002 o Prêmio de Ciências Econômicas, oficialmente denominado Prêmio do Banco da Suécia para as Ciências Econômicas em Memória de Alfred Nobel, foi dado a dois psicólogos israelenses – Daniel Kahneman e Amos Tversky. Psicólogos ganhando praticamente um Nobel de Economia era uma clara indicação da importância que a economia comportamental já começava a ter no ambiente corporativo. Kahneman e Tversky estudaram a maneira pela qual as pessoas pensam e, concluíram:

> pensar direito – pensar rigorosamente – em situações que envolvam risco, não é natural. Geralmente nos damos por satisfeitos com avaliações superficiais que vêm rapidamente à mente e que nos parecem plausíveis, e isso independe do nível de preparo intelectual da pessoa [Tversky e Kahneman, 1974:1130].

Essa conclusão ajusta-se às decisões de uma alta gestão estratégica de uma empresa – leia-se ambiente de diretoria e conselhos –, dado que é uma esfera em que as deliberações que envolvem riscos são frequentes.

GOVERNANÇA CORPORATIVA

A alta gestão responde por decisões estratégicas que podem levar a empresa ao sucesso ou ao fracasso, e a qualidade dessas decisões deveria ser constantemente monitorada e aperfeiçoada. Todavia não é o que podemos constatar na maioria das empresas. Segundo Kahneman (2012:607), as pessoas e, portanto, entre elas os executivos, "decidem pelo que parece ser e não pelo que é", pois suas decisões acabam por refletir condicionamentos pré-programados na mente humana ao longo das eras de sua evolução.

Nos últimos 200 mil anos, nosso cérebro foi formado e programado com estímulos advindos dos desafios de sobrevivência na natureza. As premissas que definiram essa evolução eram válidas em eras sem computadores, sem *smartphones*, sem internet, sem satélites artificiais, sem megalópoles. Hoje, os desafios são outros, e novos desafios aparecem em uma velocidade muito maior do que novas evoluções do nosso cérebro possam acompanhar.

Podemos dizer que a "programação" que hoje temos em nossos cérebros tem heurísticas herdadas dos milhares de gerações de humanos que nos antecederam. Para Kahneman (2012:127), "heurística é um procedimento simples que ajuda a encontrar respostas adequadas, ainda que geralmente imperfeitas, para perguntas difíceis. A palavra vem da mesma raiz que heureca".

As heurísticas são estratégias mais amplas que podem nos levar a decisões aceitáveis e adequadas, todavia nós, humanos, não somos muito bons na definição do escopo dessas estratégias e, portanto, nem sempre chegamos às melhores decisões. O resultado dessas falhas são os vieses, isto é, meios dos quais nossos cérebros se utilizam para driblar a razão ou a racionalidade, distorcendo ou reduzindo nossa capacidade de tomar decisões.

De acordo com Robbins (2000), os decisores deveriam ser racionais, ou ao menos utilizar um método racional de tomada de decisão que seguisse um roteiro minimamente lógico para chegar às melhores escolhas. Um roteiro nessa linha teria como etapas:

1. definição clara do problema a ser resolvido;
2. escolha dos critérios de decisão com ponderação dos seus respectivos pesos;
3. mapeamento das alternativas de solução, classificando-as de acordo com os critérios;
4. escolha da melhor alternativa, conforme a classificação.

O mesmo autor afirma que, para esse roteiro gerar bons resultados, é importante ter, entre outros:

- o máximo de informações para que o problema seja o mais claro possível;
- o conhecimento de critérios e alternativas suficientes;
- a clareza na diferenciação das preferências para boa quantificação de pesos nos critérios.

Cabe aqui mencionarmos a visão de Stoner e Freeman (1992). Para eles o processo decisório racional segue um roteiro semelhante ao de Robbins, tendo as seguintes etapas:

1. identificar e analisar a situação problema;
2. estabelecer e avaliar as alternativas de solução;
3. escolher a melhor alternativa de solução;
4. tomar a decisão e monitorá-la.

Repare que há uma sutil diferença entre essas duas abordagens: o monitoramento contínuo da decisão no modelo de Stoner e Freeman. Sugere-se, desse modo, que o processo decisório não tem fim e acaba se estendendo ao longo dos resultados na busca da melhoria contínua. Em outras palavras, sugerem que a melhor decisão nunca poderá ser garantida, por melhor que seja.

Não é difícil entender que as etapas de identificação de critérios e criação de alternativas de solução terão fortes limites. Os decisores

GOVERNANÇA CORPORATIVA

jamais conseguirão elencar todos – nem sequer um número próximo de todos – os critérios de avaliação de suas decisões e tampouco chegarão perto da totalidade de soluções possíveis. Seguirão, provavelmente, trilhas viciadas que os levarão a soluções razoavelmente ou suficientemente boas. A primeira solução que atender ao critério "suficientemente boa" encerrará o processo de busca da solução ótima.

É importante destacarmos que esse processo de eliminação de muitas das possíveis soluções é natural diante das capacidades humanas. Cabe aqui lembrar o clássico problema do caixeiro-viajante: se um determinado caixeiro-viajante quiser planejar o melhor roteiro entre todos os que puder realizar para visitar seus clientes, deverá inicialmente estabelecer a totalidade dos destinos; em seguida, avaliar os tempos e distâncias de todos para depois ordená-los e poder escolher o melhor roteiro. Digamos que esse caixeiro-viajante queira fazer essa análise para uma visita a 16 clientes. A quantidade de rotas possíveis entre esses 16 destinos (podendo partir de qualquer um deles) é calculada pelo fatorial de 16, ou seja: $2,0922 \times 10^{13}$, ou 20 trilhões, 922 bilhões, 789 milhões, 888 mil possibilidades. Claro que necessitaremos de um processo que reduza essa absurda quantidade às minimamente aceitáveis ou suficientemente boas. Portanto, as heurísticas e seus respectivos vieses são fundamentais fatores críticos no processo decisório humano e, portanto, no processo decisório que se insere no ambiente de governança das empresas.

Na visão de Stoner e Freeman (1992) os decisores – reiteramos – tanto na vida pessoal quanto na profissional – se utilizam, para facilitar o processo de tomada de decisão, de bases heurísticas que podem ser classificadas em três grandes grupos: a heurística da disponibilidade, a heurística da representatividade e a heurística da ancoragem. A seguir trataremos dessas heurísticas, pois elas são fatores vitais no processo de tomada de decisão no ambiente de governança.

A heurística da disponibilidade considera que nós, gestores ou não, em momentos de decisão consideramos essencialmente as

PRINCÍPIOS DE GOVERNANÇA E ASPECTOS COMPORTAMENTAIS DO PROCESSO DECISÓRIO

possibilidades de ocorrência de um determinado evento, sua probabilidade, e somos fortemente influenciados pela nossa capacidade de lembrar essas ocorrências. Tversky e Kahneman (1988) afirmam que os decisores analisam as causas prováveis de um evento por meio da disponibilidade, em suas memórias, das circunstâncias ou ocorrências anteriores sobre esse evento. Seguramente, um evento que tem vínculo emocional é mais presente – ou mais disponível – em nossa memória do que aquele mais neutro ou com menos ligações emocionais.

A heurística da representatividade, segundo Bazerman (1994), é uma espécie de avaliação estereotipada, que se baseia em modelos mentais de referência. Os decisores analisam a probabilidade ou a possibilidade de ocorrência de um determinado evento por meio da sua semelhança com outros acontecimentos. Essa heurística funciona muito bem em algumas situações, mas em outras pode produzir resultados extremamente nocivos. Exemplo típico: o indivíduo A está transitando tarde da noite e vê, no sentido oposto, em sua direção, um indivíduo B que traja uma camisa de um time de futebol diferente da usada pelo indivíduo A. O indivíduo B também ostenta tatuagens pelo corpo, prática não adotada pelo indivíduo A. O indivíduo B tem traços étnicos diferentes dos apresentados pelo indivíduo A. O indivíduo A procura atravessar a rua. Por que isso ocorre? Em boa parte dos casos, por uma tola discriminação, mas, em outros, pela heurística da representatividade herdada das dezenas de milhares de anos da nossa evolução, que faz o nosso cérebro agir com base na seguinte mensagem: "Atravesse a rua, pois esse indivíduo pertence a uma tribo diferente da sua e isso pode ser perigoso".

Já a heurística da ancoragem ocorre quando os decisores analisam as possibilidades de ocorrência de um evento por meio da inserção de uma base de referência que podemos chamar de âncora. Essa referência, ou âncora, pode ser um ponto inicial da análise feita a partir da maneira como o problema é apresentado ou mesmo por um dado colocado aleatoriamente. Por exemplo, se você perguntar a um determinado grupo de pessoas: "A população da Indonésia é maior ou menor do que 47 milhões de habitantes?", notará que a maioria das respostas girará em torno dos 47 milhões, um pouco para baixo, um pouco para cima, mas em torno dos 47 milhões. Ninguém, ou pelo menos uma quantidade bem pequena irá responder um número próximo dos 260 milhões de habitantes (população da Indonésia na data de fechamento deste livro). O número 47 funciona, nessa pergunta, como uma âncora, uma referência aleatória a partir da qual as pessoas farão, inconscientemente, suas estimativas. Não é difícil entender o quanto essa heurística afeta o mundo corporativo, principalmente nas negociações em que questões ancoradas são muito frequentes, e estas mais frequentes ainda nas mesas dos conselhos de administração e de outros órgãos de governança.

Como visto, as heurísticas acabam sendo um mecanismo cognitivo de simplificação do processo decisório e, desse modo, podem gerar vieses que afetam significativamente os resultados. Ainda temos de considerar que nossos cérebros podem se utilizar de mais de uma heurística simultaneamente no mesmo processo de decisão. O quadro 3 nos apresenta a descrição sumária de alguns desses vieses e as heurísticas a eles associadas.

Quadro 3
Vieses e heurísticas associadas

Vieses da heurística da disponibilidade	
Facilidade de lembrança	Os indivíduos julgam que os eventos mais facilmente recordados na memória, com base em sua vividez ou ocorrência recente, são mais numerosos do que aqueles de igual frequência cujos casos são menos facilmente lembrados.
Capacidade de recuperação	Os indivíduos são enviesados em suas avaliações da frequência de eventos, dependendo de como suas estruturas de memória afetam o processo de busca.

▼

Vieses da heurística da representatividade	
Falta de sensibilidade às proporções da base	Os indivíduos tendem a ignorar as proporções da base na avaliação da probabilidade de eventos quando é fornecida qualquer outra informação descritiva, mesmo se esta for irrelevante.
Falta de sensibilidade ao tamanho da amostra	Os indivíduos, frequentemente, não são capazes de apreciar o papel do tamanho da amostra na avaliação da confiabilidade das informações da mesma.
Concepções errôneas sobre o acaso	Os indivíduos esperam que uma sequência de dados gerados por um processo aleatório pareça ser "aleatória", mesmo quando for demasiado curta para que aquelas expectativas sejam estatisticamente válidas.
Regressão à média	Os indivíduos tendem a ignorar o fato de que eventos extremos tendem a regredir à média nas tentativas subsequentes.
A falácia da conjunção	Os indivíduos julgam erradamente que as conjunções (dois eventos que ocorrem em conjunto) são mais prováveis do que um conjunto mais global de ocorrências do qual a conjunção é um subconjunto.
Vieses da heurística da ancoragem e ajustamento	
Insuficiente ajustamento da âncora	Os indivíduos fazem estimativas para valores com base em um valor inicial (derivado de eventos passados, atribuição aleatória ou qualquer outra informação que esteja disponível) e, em geral, fazem ajustes insuficientes daquela âncora quando do estabelecimento de um valor final.
Viés de eventos conjuntivos e disjuntivos	Os indivíduos exibem um viés tendendo para a superestimação da probabilidade de eventos conjuntivos e para a subestimação da probabilidade de eventos disjuntivos.
Excesso de confiança	Os indivíduos tendem a ser excessivamente confiantes quanto à infalibilidade de seus julgamentos ao responderem a perguntas de dificuldade variando de moderada a extrema.
Vieses que emanam diversas heurísticas	
Armadilha da confirmação	Os indivíduos tendem a buscar informações de confirmação para o que consideram ser verdadeiro e negligenciam a busca de indícios de não confirmação.
Retrospecto	Após terem constatado a ocorrência ou não de um evento, os indivíduos tendem a superestimar o grau em que teriam antevisto o resultado correto.

Fonte: Bazerman (1994, cap. 2).

GOVERNANÇA CORPORATIVA

Como vimos neste capítulo, a boa governança assenta suas estruturas em quatro princípios: transparência, equidade, prestação de contas e responsabilidade corporativa. São claramente princípios que, se respeitados, sustentarão uma gestão ética, responsável e segura a todos os públicos de relacionamento da empresa. Todavia, para que esses princípios sejam respeitados, os gestores, seja da média ou alta gestão estratégica, devem ter comportamentos que visem ao bem da sociedade e dos *stakeholders* da organização. Atitudes que mirem ganhos individuais ou comportamentos egoístas são destrutivas e nocivas à perenidade das relações e até mesmo do negócio. Diante disso, apresentamos aspectos comportamentais como o conflito de agência, a tragédia dos comuns e os vieses influenciadores do processo decisório.

Em razão desses aspectos comportamentais, as boas práticas que vimos no capítulo 2 estão ainda muito longe de serem exercidas, quer pela totalidade ou pela maioria das companhias brasileiras. Todavia notamos uma clara tendência de crescimento da adoção das mesmas nos últimos anos em razão da percepção positiva do mercado de capitais. Os investidores já se deram conta que empresas que adotam as práticas da boa governança apresentam menos riscos e, portanto, são mais seguras. Empresas mais seguras atraem mais investimentos e, consequentemente, têm seus papéis valorizados. Estamos aqui afirmando que governança gera valor, o tema do nosso próximo capítulo.

4
A governança e a geração de valor

Como vimos até aqui, as boas práticas – se amparadas por comportamentos éticos e alicerçadas nos princípios de governança corporativa – procuram dar maior segurança aos investidores e a todos os *stakeholders*, isto é, a todos os públicos que afetam, são afetados ou, ainda, que tenham a percepção de ser afetados pelas atividades da empresa. Em outras palavras, a boa governança tem a função de mitigar riscos de relacionamento com públicos estratégicos, colocando a organização em um patamar de gestão com maior potencial de captação de investimentos, de acesso a capital e de atração e retenção de talentos.

Quando a organização finalmente se dá conta de que está no mercado com uma razão social de existir, com um propósito muito maior do que simplesmente atender às necessidades dos clientes ou produzir lucros para seus acionistas, começa a direcionar sua gestão para a geração de valor e não exclusivamente para a geração de lucros. Práticas de governança que atendam, de modo ético, às expectativas de seus mais diversos públicos de relacionamento não são necessariamente ações geradoras de lucros contábeis, mas, seguramente, são geradoras de lucro econômico. Neste capítulo final, visualizaremos a geração de valor como o objetivo fundamental da boa governança.

A relação do lucro econômico com a geração de valor

Lucros são meros resultados líquidos e estáticos de uma operação de subtração de despesas tangíveis das receitas de vendas; uma fotografia do grau de eficiência operacional da empresa em um período determinado, seja em um mês, em um trimestre ou um exercício fiscal. Todavia, como veremos neste capítulo, lucros podem ser gerados a partir de operações que não estejam alinhadas com os valores da empresa ou com os valores da sociedade em que ela se insere. Algumas ações ilegais ou imorais podem, principalmente nas apurações de curto prazo, produzir lucros. O que queremos destacar aqui é que o lucro produzido por uma empresa em um determinado período não é necessariamente um indicador plenamente confiável da qualidade, da eficiência ou da eficácia de sua gestão.

A sonegação fiscal aumenta lucros. A corrupção de um agente público para fazer vista grossa a uma autuação por dano ambiental aumenta lucros. A contratação de mão de obra em condições análogas ao trabalho escravo aumenta lucros. A disposição na formação de cartéis que fraudam processos licitatórios aumenta lucros. Enfim, podemos listar aqui dezenas de ações que um gestor pode escolher para elevar os resultados operacionais da empresa se, e somente se, abrir mão da ética, que é o alicerce da boa governança.

É quase certo que esses falsos resultados positivos ocorrem normalmente no curto prazo, pois, com o decorrer do tempo, as chances de os passivos ocultos serem descobertos e gerarem multas e outras penalidades de caráter cível ou criminal elevam-se consideravelmente, transformando aqueles lucros de curto prazo em prejuízos de longo prazo. Todavia podemos observar que em boa parte das empresas são estruturados programas de remuneração e recompensa dos principais executivos com base em metas definidas por métricas ancoradas nos lucros de curto prazo. Desse modo, tais empresas acabam por estimular seus gestores com prêmios sobre lucros de curto prazo e isso

A GOVERNANÇA E A GERAÇÃO DE VALOR

pode levar parte deles a se utilizar de ações que, como vimos, podem gerar passivos tangíveis e, principalmente intangíveis, no futuro.

Programas de remuneração e recompensa com esse perfil vão de encontro às boas práticas de governança corporativa, pois colocam em risco a reputação das empresas, reduzindo a percepção de seu valor pelo mercado. Como os investidores são naturalmente avessos a riscos reputacionais, afastam-se de empresas com riscos potenciais. Esse movimento de redução de procura pelas ações fatalmente reduz seus preços de mercado, desvalorizando a empresa.

Diante disso, os movimentos de estabelecimento de boas práticas de governança corporativa, como os que vimos no capítulo 2, não foram casuais. As empresas, ou ao menos as mais responsáveis, perceberam que estão no mercado com uma ampla razão social de existir. Devem, com a maior transparência possível, prestar contas à sociedade de suas atividades e propósitos, demonstrando que o fazem com responsabilidade e equidade com todos os públicos com os quais se relacionam. Essa prestação de contas, é bom lembrar, é para toda a sociedade e não para parte dela.

A empresa não deve apenas transmitir segurança aos seus clientes e consumidores. Deve também ser segura para seus funcionários, proporcionando-lhes um ambiente de trabalho adequado, onde se estabeleçam relações dignas e com remuneração justa, sempre demonstrando reconhecimento e oferecendo oportunidades de desenvolvimento profissional. Deve ser segura para seus fornecedores e parceiros de negócios, para que os mesmos possam desejar o permanente fornecimento com melhorias contínuas de qualidade no produto ou serviço fornecido. Deve ser segura para a comunidade, para o Estado e para o meio ambiente, para que a sociedade reconheça e admire sua atuação. Atuando desse modo ético em todos os seus relacionamentos, a organização cultiva sua reputação e se torna mais atraente, valorizando-se no mercado, porque passa a ser também segura para seus investidores.

GOVERNANÇA CORPORATIVA

Quando clientes se identificam com a empresa e com suas marcas, quando trabalhadores sentem desejo de trabalhar na organização, quando fornecedores querem ter seus nomes entre os supridores homologados, quando a mídia a coloca apenas em pautas positivas e, enfim, quando investidores querem ter as ações da companhia em suas carteiras, temos uma empresa que muito provavelmente adotou uma filosofia de geração de valor a todos os seus *stakeholders*, exercita boas práticas de gestão e, principalmente, de governança corporativa.

Cabe destacarmos que empresas com esse perfil não precisam necessariamente estar apresentando resultados operacionais positivos. Uma empresa pode, em um determinado período, apresentar prejuízos que apenas retratam uma situação temporária, fruto de um ajuste de gestão ou de cenários externos não favoráveis. Com boas relações éticas com seus *stakeholders*, a empresa pode ter o fôlego necessário para transpor o momento de dificuldade, captando novos aportes de capital ou tendo acesso a capital financiado.

Para que fique mais claro, é importante entendermos as diferenças entre resultados contábeis e resultados econômicos. Solomons (1961) fixa diferenças importantes entre lucros contábeis e lucros econômicos, por meio de uma equação:

LUCRO CONTÁBIL
(+) Mudanças não realizadas no valor dos ativos tangíveis ocorridas durante o período, acima ou abaixo das mudanças reconhecidas pela depreciação dos ativos fixos e remarcações nos estoques
(-) Montantes realizados neste período referentes a mudanças de valor dos ativos tangíveis ocorridas em períodos anteriores e que não foram reconhecidas em tais períodos
(+) Mudança de valor nos ativos intangíveis durante o período
(=) LUCRO ECONÔMICO

A GOVERNANÇA E A GERAÇÃO DE VALOR

Portanto, leitor, o que diferencia o resultado contábil do resultado econômico são os ativos intangíveis. Veja a comparação entre esses lucros no quadro 4.

Quadro 4
Comparação entre lucro econômico e lucro contábil

Lucro contábil	Lucro econômico
Cálculo analítico e objetivo, baseado nas diferenças entre receitas e custos originais	Cálculo relativo e subjetivo, baseado na variação do valor presente líquido do patrimônio líquido
Análise de custos	Análise de valores
O património líquido varia com a variação do lucro contábil	O lucro econômico é resultado da variação positiva do patrimônio líquido
Desconsideração de valores ainda não realizados	Considerações de valores ainda não realizados
Análise pretérita	Análise pretérita e futura
Ajustes técnicos contábeis	Correções conforme variações de preços
Dividendo	Valor da ação/cota

Fonte: baseado em Catelli (1999).

É importante entendermos que são duas metodologias de avaliação de resultado que não se anulam, mas se complementam. Auditores contábeis ou fiscais certamente adotam a metodologia do lucro contábil, mas as consultorias que realizam estudos de avaliação de empresas privilegiam o método do lucro econômico, claro, sem desconsiderar o contábil. As duas óticas são importantes e possuem aplicação nas mais diversas análises gerenciais.

Agora recordemos os aspectos comportamentais que influenciam as decisões no mundo corporativo vistos no capítulo anterior. A percepção que os sócios têm de seus ganhos com seus investimentos em uma empresa confundem-se com as análises de lucro contábil e lucro econômico aqui colocadas. Os dividendos, isto é, o lucro líquido contábil apurado em um determinado exercício (já descontadas as devidas reservas legais e estatutárias) e distribuído aos sócios na proporção da respectiva quantidade de suas cotas ou ações é uma importante percepção de ganho. Por tal ótica, o sócio se vê como uma pessoa física credora que financia as operações da pessoa jurídica em troca de uma remuneração (dividendos) pelo capital que aportou na empresa. É como se os dividendos fossem uma espécie de juros pelo capital aplicado na empresa. Não é à toa que a conta capital é uma conta de passivo.

Essa percepção vinculada ao lucro contábil está correta. Todavia, há outra importante, na qual a percepção de ganho do sócio vai além – ou dependendo do caso, aquém – do resultado contábil apresentado pela empresa. Se o sócio se valer de uma percepção mais voltada ao lucro econômico, com olhar de investidor e não de credor, estenderá sua percepção de ganho ao valor do seu capital no futuro. Por exemplo, se uma empresa apresentar lucro em seu demonstrativo de resultado, mas, no mesmo período, o valor da sua cota ou ação sofrer uma redução maior do que o dividendo esperado, o detentor dessa ação terá fatalmente uma percepção de perda. O inverso é perfeitamente verdadeiro, pois a empresa poderá apresentar prejuízo contábil e não remunerar seus sócios em determinado período, mas o valor da cota ou da ação pode ter aumentado e dar aos investidores uma percepção positiva de ganho, ainda que não realizado.

Pode soar estranho uma empresa com prejuízo ter suas cotas ou ações valorizadas ou, no sentido contrário, uma empresa que demonstra lucros ter suas cotas ou ações desvalorizadas, entretanto isso é factível e ocorre com frequência. Uma empresa pode optar pela prática de menores preços ou maiores despesas com pós-venda e, dessa maneira, trabalhar com menores margens – ou até mesmo margens negativas – de lucro por um bom período para, estrategicamente, aumentar sua carteira de clientes e, consequentemente, sua participação no mercado. Os lucros podem ser menores também se a empresa adotar um comportamento ético e, portanto, que não admitir pagamento de propinas, sonegação de impostos e outras

A GOVERNANÇA E A GERAÇÃO DE VALOR

ações da mesma espécie. Resultados negativos no demonstrativo de resultado do exercício, mas, muito provavelmente, ações valorizadas aos olhos dos investidores.

Por outro lado, no momento em que este capítulo está sendo escrito, o Brasil vive em meio aos movimentos da chamada "Operação Lava Jato", investigação da Polícia Federal do Brasil deflagrada em 17 de março de 2014, visando apurar um esquema de lavagem de dinheiro vinculada a crimes de corrupção ativa e passiva, gestão fraudulenta, organização criminosa, obstrução de justiça e recebimento de vantagens indevidas por agentes públicos. As maiores empreiteiras do país tiveram seus nomes ligados a crimes de corrupção ativa e passiva, gestão fraudulenta, pagamento de propinas a agentes públicos, entre outros, e, com isso, suas ações ou cotas foram brutalmente desvalorizadas, suas marcas caíram em descrédito nos mercados, mesmo apresentando altíssimos lucros. Para se ter uma noção, a maior dessas empreiteiras viu seu EBITDA (do inglês, *earnings before interest, taxes, depreciation and amortization*, ou ganhos antes dos impostos, depreciações e amortizações) saltar de US$ 3,735 bilhões em 2010 para US$ 3,792 bilhões em 2011, US$ 3,957 bilhões em 2012, US$ 4,874 bilhões em 2013, US$ 6,267 bilhões em 2014 e US$ 6,128 bilhões em 2015. Esse desempenho se repetiria em outras empreiteiras arroladas na operação. Lucros fantásticos que foram produzidos a qualquer custo e geraram uma mácula na reputação dessas empresas, depreciando de forma brutal o investimento de seus acionistas e cotistas.

É importante mencionarmos que a maioria dessas grandes empreiteiras, e até mesmo de outras companhias de outros segmentos de atividade que passam por crises com danos às suas reputações, apresentam em seus relatórios anuais um organograma no qual procuram expressar sua estrutura de governança corporativa. Atenção leitor, muita prudência ao ler organogramas. Eles são apenas organogramas. Apenas um desenho de uma estrutura não significa

GOVERNANÇA CORPORATIVA

que ela exista na prática, ou, como vimos no capítulo anterior, que ela exista com seus alicerces fundamentados na ética e nos princípios de governança corporativa. O desenho também não garante que as práticas sejam aquelas que realmente levam segurança aos investidores e demais *stakeholders* da empresa. Portanto, a busca pelo lucro econômico só pode ocorrer em uma empresa com uma arquitetura de governança assentada nos princípios da transparência, da prestação de contas, da equidade e da responsabilidade corporativa, e que tenha um ambiente de negócios em que as boas práticas sejam sempre preservadas. Essa prudência promove a geração de ativos intangíveis e eleva o grau de blindagem da organização contra os danos causados por passivos intangíveis.

Após a compreensão da importância do lucro econômico e sua forte relação com a geração de valor para a empresa e seus sócios, daremos, a seguir, uma atenção especial aos ativos e passivos intangíveis.

Como visto, a geração de valor é toda alicerçada nas relações éticas. Portanto, leitor, você já deve estar imaginando os custos dessa opção. Sim, é isso mesmo: ética custa caro. Não, melhor dizendo, ética tem alto valor. Talvez seja por isso que costumamos dizer que ética é um valor, em seu sentido mais *lato*. Comportamentos éticos afastam os gestores de atos geradores de passivos, em especial de passivos intangíveis. Ao mesmo tempo, os aproximam de atos que produzem ativos intangíveis.

Aqui precisamos fazer um alerta importante: a palavra intangível etimologicamente origina-se na palavra latina *tangere*, cujo significado é tocar. Há também autores que conectam a origem à palavra, também latina, *tango*, significando perceptível ao toque. Essas origens etimológicas explicam o significado atual da palavra tangível, mas no mundo da física. No ambiente da gestão, a palavra tangível não pode representar apenas algo que pode ser tocado. Contas a receber, investimentos, despesas pagas antecipadamente,

A GOVERNANÇA E A GERAÇÃO DE VALOR

entre tantas outras contas, são ativos tangíveis apesar de sua inexistência física. O mesmo ocorre com empréstimos, financiamentos e outros passivos que não podemos tocar, mas que são classificados como passivos tangíveis. Logo, tangíveis no ambiente de gestão, são os ativos e passivos que podem ser mensurados, registrados e contabilizados de modo preciso – ou ao menos com bom grau de precisão. Por outro lado, os intangíveis são ativos e passivos cujos valores temos dificuldade em mensurar precisamente e, desse modo, não podemos registrá-los contabilmente.

Veremos a seguir como ativos e passivos intangíveis interferem na geração de valor aos sócios e aos demais *stakeholders* de uma empresa.

Ativos intangíveis

As definições de ativos intangíveis na literatura são tantas quantas as incertezas sobre a melhor definição. Entre elas elegemos uma que nos parece a mais clara:

> Ativos intangíveis podem ser definidos como um conjunto estruturado de conhecimentos, práticas e atitudes da empresa que, interagindo com seus ativos tangíveis, contribui para a formação do valor das empresas [Kayo, 2002:14].

Ativos intangíveis não possuem existência física e, ao serem bem administrados pelas empresas, passam – ou ao menos podem passar – a produzir resultados tangíveis no futuro. Essa definição deixa claro por que a marca de um automóvel, o banco de dados de um *site* de rede social, a carteira de clientes de uma operadora de saúde, o nome forte de uma banca de advogados, a patente de um medicamento, a licença de um *software* ou o capital intelectual

GOVERNANÇA CORPORATIVA

de um Steve Jobs ou de um Oscar Niemeyer são ativos intangíveis (sim, mesmo depois de mortos). São, de um modo ou de outro, resultado de um conjunto de competências de organizações, sempre sustentadas por comportamentos éticos que, aliadas aos seus ativos tangíveis (ativos circulantes, realizáveis e permanentes), produzirão resultados positivos.

Em um passado não muito distante, a maior parte dos investidores preocupava-se quase que exclusivamente com os lucros e com seus respectivos dividendos, focando sua percepção na atividade operacional e na geração de caixa. Essa continua sendo uma análise ou uma preocupação importante, todavia os investidores da atualidade, talvez por já terem experimentado as dores que lhes dão os danos causados por máculas na imagem da empresa, têm dirigido mais seus olhos para o comportamento do valor das ações no mercado. Como esse valor aumenta em função do grau de segurança e, portanto, da capacidade da empresa em gerar ativos intangíveis, esses passam a compor objetivos estratégicos significativos.

Temos empresas que não se importam muito caso não apresentem lucros em seus demonstrativos de resultados, desde que comprovem que triplicaram a carteira de clientes, ou que dobraram os canais de distribuição, ou, ainda, que alcançaram um maior *market share*. Esses indicadores intangíveis são bem-vistos pelos olhos dos investidores, que passam a desejar investir nas ações de uma empresa com tais ativos. A lei da oferta e da procura no mercado de capitais faz o resto, elevando o preço, valorizando a empresa.

Passivos intangíveis

Também não é unânime uma conceituação sobre passivos intangíveis. Entre tantas, escolhemos a de Pereira e colaboradores (2001:108) como uma das mais claras:

A GOVERNANÇA E A GERAÇÃO DE VALOR

O passivo intangível é uma exigibilidade cuja informação acerca de sua existência permanece encoberta ao usuário dos demonstrativos contábeis e, em alguns casos, até aos seus próprios dirigentes.

Conforme vimos, o lucro econômico de uma empresa será reduzido ou até mesmo transformado em prejuízo com a existência de passivos intangíveis. Se as relações éticas e as boas práticas de governança corporativa produzem ativos intangíveis, tornando a empresa mais segura aos olhos de seus mais diversos *stakeholders*, a falta da ética e/ou dessas boas práticas produzirá efeito contrário.

Para exemplificar esses movimentos, tomemos uma empresa que, de modo consciente ou não, tenha optado por deixar de recolher os encargos sociais e trabalhistas de seus empregados registrados e protegidos pela legislação trabalhista brasileira (Consolidação das Leis do Trabalho). Essa ação irá gerar alguns passivos tangíveis – como os próprios encargos, multas e correções – em seu balanço e que lá permanecerão registrados até seu devido pagamento. Repare que, ao deixar de pagar tais encargos, a empresa gerou caixa no curto prazo, e isso pode ser atraente se sua gestão não der muito valor à ética em suas relações.

Imagine, agora, que essa empresa não tenha registrado legalmente seus empregados, oferecendo a eles a opção de prestarem serviços por meio de uma pessoa jurídica da qual seriam sócios. No Brasil, se uma pessoa física presta serviços por meio de pessoa jurídica, de modo exclusivo (só para um cliente), em horário de trabalho integral e com relação de subordinação com a empresa contratante, estabelece-se o chamado vínculo empregatício, prática considerada ilegal pela Justiça brasileira. Ilegal, mas que reduz significativamente os custos com mão de obra, gerando caixa. Se esses trabalhadores ingressarem ações na Justiça, muito provavelmente obterão êxito e receberão seus direitos acrescidos de juros, multas e, em alguns casos, de indenizações por danos

GOVERNANÇA CORPORATIVA

morais (casos em que a Justiça apura que a empresa coagiu o empregado a aceitar a relação sob pena de fazê-lo perder o emprego). Repare leitor, que todos esses passivos são intangíveis, pois não estavam registrados e nem possuíam mensuração precisa na contabilidade da empresa.

Máculas nas relações com empregados geram, portanto, passivos intangíveis, mas não são as únicas que podem causar danos à imagem da empresa e, consequentemente, ao seu valor. Uma fábrica pode ferir suas relações com o meio ambiente e com a comunidade do seu entorno ao, por exemplo, não utilizar os filtros e procedimentos exigidos pelas leis ambientais gerando um passivo intangível. Os danos nas relações com os clientes por desrespeito aos seus direitos de consumidor, ou ainda os danos nas relações com o Estado e com a sociedade devidos à sonegação de impostos, entre outros, são todos geradores de passivos intangíveis.

Geração de valor

Até aqui percebemos que um dos mais importantes indicadores de resultado de uma empresa – senão o mais importante deles – o lucro líquido do exercício (ou até mesmo suas variações ou interpretações, como o EBITDA) pode não indicar a qualidade da gestão ou nem mesmo indicar o potencial de perenidade da empresa no mercado. Uma das razões dessa impotência do indicador é sua apuração estática que, além de ser de curto prazo, ainda é focada no passado. Essa apuração de curto prazo e meramente contábil e tangível cria um ambiente propício à busca de lucros "a qualquer custo", isto é, produzidos por meio de relações não éticas, geradoras dos passivos intangíveis.

Também percebemos que o mundo corporativo dispõe de outros indicadores mais apropriados para se avaliar o desempenho de uma

A GOVERNANÇA E A GERAÇÃO DE VALOR

empresa no médio e no longo prazos, a qualidade de sua gestão e a segurança que esta transmite aos seus mais diversos *stakeholders*. Demonstramos que o lucro econômico é um desses importantes indicadores e, seguramente, muito mais confiável do que o lucro contábil. Isso ocorre por abranger uma análise menos pretérita e que considera possíveis impactos futuros, por ser mais abstrata e, portanto, mais intangível. Enfim, o lucro econômico expande a percepção de ganho do investidor além dos limites contábeis dos dividendos, levando-o à dimensão do somatório do valor das ações aos dividendos por elas produzidos.

De modo mais didático, quando um investidor compra uma ação de uma empresa por 100 unidades monetárias, pode ter, em princípio, dois comportamentos básicos que o vinculam a uma análise de resultado com base em lucro contábil ou em lucro econômico. No primeiro, pela ótica da análise exclusivamente contábil, ele espera o retorno desse investimento considerando os dividendos que a ação lhe dará ao final de um determinado período. Se, por exemplo, ao final de um ano, essa empresa distribuir 10 unidades monetárias de dividendos, o investidor terá a sensação de um ganho de 10%. Repare que é uma análise que equivale ao investimento em uma aplicação em ativo financeiro.

No segundo caso, agora pela ótica do lucro econômico, esse investidor espera o retorno do seu investimento considerando a soma dos dividendos com a variação do valor do ativo gerador, isto é, considera o valor atual do ativo e não a do investimento inicial. Nesse caso o investidor somará às 10 unidades de dividendos o valor da variação da ação no mercado. Se a ação estiver atualmente cotada a, por exemplo, 106 unidades, a percepção de ganho será de 16 unidades monetárias ou 16%. Por outro lado se, hipoteticamente, essa ação estiver cotada a 80 unidades monetárias, apesar dos dividendos, a percepção do investidor será de uma perda de 10 unidades. Tudo isso sem considerar a eventual inflação do período.

GOVERNANÇA CORPORATIVA

Os preços das ações expressam essa percepção de risco ou de ganhos futuros dos investidores e, portanto, é como se nos mostrassem o valor presente líquido das percepções de resultados futuros. Esses resultados sofrem toda uma gama de influências, externas e internas. A conjuntura econômica tanto do país onde a empresa está sediada quanto dos mercados onde atua interfere na variação dos preços de suas ações. A política cambial de uma nação pode influenciar os preços de insumos importados e de produtos exportados de uma determinada empresa, e isso pode alterar significativamente seu desempenho operacional. Enfim, são inúmeros os fatores relacionados a cenários macro e microeconômicos externos que afetam os preços das ações. Todavia eles normalmente afetam todas as empresas ou, ao menos, todas as empresas de um setor, de um modo um tanto quanto equivalente.

Se os cenários externos influenciam de modo mais generalizado os preços das ações de empresas de um determinado setor de atividade, há fatores internos que afetam de modo muito mais significativo esses preços e, dessa vez, de forma totalmente individualizada. Se, por exemplo, o mercado tomar conhecimento que uma determinada empresa contratou mão de obra em condições análogas ao trabalho escravo, ou que fraudou um processo licitatório, ou que sonegou deliberadamente impostos ou, ainda, que não tenha atendido de forma correta às expectativas de seus consumidores, imediatamente perceberá que há riscos de passivos intangíveis no futuro, e isso se traduzirá em desejo de venda das ações. Os preços caem e, com tal movimento, realimentam a sensação de perda dos investidores, provocando maiores baixas.

A BM&F Bovespa (atualmente conhecida como B3) avalia a percepção dos mercados acerca da qualidade de sua governança. Para tal criou o IGCx, ou índice de governança corporativa, que é um indicador do desempenho médio de uma carteira de ativos de empresas listadas, como veremos, no Novo Mercado ou nos níveis 1 ou 2 de governança corporativa. Vejamos no gráfico da figura 3 o comportamento do IGCx (sempre superior) comparado ao índice Bovespa.

Figura 3
Comparativo de desempenho Ibovespa × IGCx

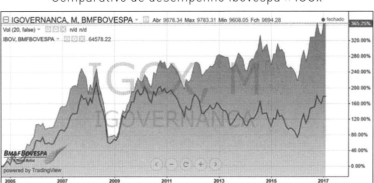

Fonte: gráfico gerado dinamicamente no *site* da BM&F Bovespa (2017).

A essa altura, caro leitor, você já deve ter percebido o quanto são importantes o entendimento dos princípios de governança corporativa (transparência, prestação de contas, equidade e responsabilidade corporativa) e, principalmente, a compreensão da economia comportamental, ambos tratados no capítulo 2 deste livro. Os preços das ações flutuam, não apenas em função das influências dos cenários externos, mas também da percepção dos movimentos – éticos ou não – da gestão de uma empresa. Nessa linha, percebeu também que a arquitetura de governança corporativa apresentada no capítulo 1 é apenas uma estrutura organizada de órgãos de administração, fiscalização e controle, que só gerará valor se, além de se alicerçar nos princípios, também exercitar as boas práticas fixadas no capítulo 2. Sem esses cuidados, uma empresa poderá até gerar lucro no curto prazo, mas dificilmente gerará valor para seus acionistas e demais *stakeholders*.

Empresas que embasam de modo ético suas relações com seus diferentes públicos, que respeitam os acordos e contratos estabelecidos e atendem às expectativas de clientes, colaboradores, fornecedores, acionistas e da sociedade tornam a organização mais imune a riscos que possam macular sua reputação, sua credibilidade e, de modo indireto, seus negócios. Uma empresa que consegue essa melhor blindagem contra esses riscos de relacionamento é mais desejada aos olhos dos investidores. É uma empresa menos vulnerável a passivos intangíveis e, portanto, com maior potencial de geração de lucro econômico. Não podemos esquecer, e conselheiros de administração jamais devem esquecer, que o acionista, além de *shareholder*, é um importante *stakeholder*. Não importa se será chamado de sócio, dono, proprietário, capitalista ou investidor; ele normalmente tem um olho no presente e outro no futuro, ou seja, está atento aos dividendos a que terá direito pela geração de lucro contábil, mas estará sempre muito atento e preocupado com o lucro econômico.

A percepção da governança pelos mercados

No início do século XXI, o tema governança corporativa ganhou notoriedade, não pelo seu lado positivo, mas por sua ausência ou mau uso de boas práticas. Várias organizações, até então tidas como referências em sua área de atuação, ou mesmo *benchmark* mundial, como Enron, WorldCom, Tyco e outras, envolveram-se em escândalos ligados às más práticas de gestão e governança. São daquela época iniciativas como a lei Sarbanes-Oxley (Sarbanes-Oxley Act), mais conhecida como a lei americana do colarinho branco. Novos códigos foram implantados ou revistos em vários outros países. São dessa época a revisão da Lei das S.A. (Lei nº 6.404/1976) e o Novo Código Civil Brasileiro. Também é dessa época a iniciativa da B3 (antiga BM&F Bovespa) de criar níveis diferenciados de governança corporativa, pois, até então, uma empresa que simplesmente seguia a Lei das S.A. estava cumprindo suas obrigações e nada mais lhe era exigido.

Após esses escândalos e com o advento dessa nova regulamentação internacional e brasileira, o nível de exigência (transparência, abertura de informações e prestação de contas) tornou-se mais alto. Para assegurar maior transparência e confiabilidade aos investidores e demais *stakeholders*, a B3 decidiu implementar critérios de classificação de qualidade de governança corporativa que, agrupados, acabaram compondo os chamados níveis diferenciados de governança corporativa para as empresas que são negociadas na bolsa (sociedades anônimas de capital aberto). Por esses níveis, é possível classificar as empresas de acordo com sua adesão voluntária às obrigações adicionais à legislação brasileira.

Embora uma parcela ínfima das empresas brasileiras tenha atualmente seu capital cotado em bolsa – no fechamento deste livro menos de 500 empresas num total de aproximadamente 6 milhões de registros ativos –, essas empresas devem ser vistas como referências, pois muitas das práticas exigidas apenas delas tornaram-se um *benchmark* de mercado.

A empresa que simplesmente deseja abrir o capital e negociar suas ações na B3 deverá seguir a legislação vigente e as normas da CVM. Se, além da simples abertura de capital, quiser avançar, pode buscar sua homologação nos níveis diferenciados de governança. Lembramos que tal adesão é voluntária, mas possui vínculo contratual e, portanto, a empresa está sujeita a punições e até descredenciamento em caso de não cumprimento de algum dispositivo firmado. De acordo com o cumprimento das exigências – que vão se tornando cada vez mais duras e cumulativas – a empresa adere, se quiser, aos diferentes níveis. Os níveis diferenciados são: Nível 1, Nível 2 e Novo Mercado, além do Bovespa Mais, a seguir explicados.

GOVERNANÇA CORPORATIVA

Nível 1 de governança da B3

A adesão, facultativa, da organização ao Nível 1, depende do grau de compromisso assumido e é formalizada por meio de um contrato entre a companhia e a B3. As organizações que estão classificadas no Nível 1 devem apresentar melhorias na prestação de informações ao mercado, com relação ao que é exigido das demais organizações, e devem promover dispersão do controle acionário, evitando concentração do poder nas mãos de poucos acionistas. Além disso, outras obrigações adicionais à legislação devem ser atendidas, tais como:

- adição às informações devidas das informações trimestrais (ITRs);
- realização de reuniões públicas com investidores e analistas, ao menos uma vez por ano;
- apresentação de um calendário anual de eventos corporativos, prevendo datas e formatos das reuniões, assembleias e divulgação de resultados;
- divulgação dos contratos eventualmente firmados com partes relacionadas;
- manutenção do chamado *free float* (*flutuação livre*, em português, é uma terminologia utilizada no mercado de capitais que identifica a parcela de ações de uma companhia reservada para livre negociação – exclui a parcela de ações dos controladores e as ações em tesouraria), de pelo menos 25% (circulação de ações no mercado). Tal prática visa diminuir o poder do acionista controlador de influir no preço dos papéis. Havendo uma razoável quantidade de papéis com livre negociação, o próprio mercado se encarrega de determinar seu preço, dando maior liquidez em uma eventual venda;
- adoção de medidas que favoreçam e/ou estimulem a dispersão de capital.

A GOVERNANÇA E A GERAÇÃO DE VALOR

Nível 2 de governança da B3

Dada a cumulatividade dos níveis, adicionalmente às obrigações específicas do Nível 1, são exigidas para o Nível 2:

- adoção de um conjunto mais amplo de medidas que priorize e amplie os direitos dos acionistas minoritários;
- divulgação das demonstrações financeiras de acordo com padrões internacionais IFRS (Internacional Financial Reporting Standards) ou US-GAAP (United States Generally Accepted Accounting Principles);
- estruturação de conselho de administração com um mínimo de cinco membros e mandato unificado de dois anos, sendo permitida uma reeleição;
- no mínimo, 20% dos conselheiros deverão ser conselheiros independentes ou, como vimos, aqueles que não pertencem aos quadros da organização e ainda os que não têm qualquer outro relacionamento que não seja o de conselheiro);
- algumas matérias importantes, como transformação, fusão, cisão ou incorporação devem dar direito a voto aos acionistas detentores de ações preferenciais (normalmente sem direito a voto);
- extensão, aos demais acionistas não controladores, das mesmas condições obtidas pelos controladores por ocasião da venda de suas ações. Tal direito é conhecido como *tag along*;
- *tag along* de pelo menos 80% aos acionistas preferenciais;
- adesão à Câmara de Arbitragem para resolução de conflitos societários. Ressaltamos que na legislação brasileira atual algumas matérias não são passíveis de encaminhamento às câmaras de arbitragem, como demandas trabalhistas e ambientais.

GOVERNANÇA CORPORATIVA

Nível Bovespa Mais de governança

A B3 criou o Bovespa Mais com o intuito de contribuir para o desenvolvimento do mercado de ações no Brasil. Seu foco principal são as empresas que desejam acessar, de maneira gradual, o mercado. Em razão disso, esse segmento tem o objetivo de fomentar o crescimento de pequenas e médias empresas por meio do mercado de capitais. Com o acesso gradual, a empresa pode se planejar melhor e não precisa investir muito dinheiro na abertura, por exemplo, do novo mercado, em que as exigências – e custos para adequação a elas – são muito elevados. Obtendo a homologação no Bovespa Mais, a empresa adquire maior visibilidade, tendo acesso a maiores captações de capital.

A barreira do custo de entrada é um dos maiores problemas do mercado de capitais brasileiro. Em razão do alto custo das exigências para se abrir capital e para a manutenção da empresa na bolsa – como publicações, relatórios e auditorias – acaba não sendo vantajoso captar pequenas quantias, que não compensariam tais investimentos. Essa é uma das explicações para que, no mercado de capitais brasileiro, praticamente só tenhamos papéis de empresas grandes ou muito grandes.

As ofertas no Bovespa Mais podem ser direcionadas a poucos investidores, que visualizam ganhos no médio ou longo prazo. A empresa pode efetuar a listagem sem oferta, ou seja, pode participar das negociações sem necessariamente efetuar o IPO (do inglês *initial public offering* ou, em português, OPA – oferta pública de ações), podendo realizá-lo em um prazo de até sete anos.

As empresas listadas no Bovespa Mais têm isenção da taxa de registro (cobradas pela B3 para registro de companhias) e recebem gradual desconto na taxa de manutenção de listagem, sendo 100% no primeiro ano. Embora destinada às pequenas e médias empresas, as empresas listadas nesse segmento assumem compromissos de elevados padrões de governança corporativa, comparáveis aos exigidos no Novo Mercado.

A GOVERNANÇA E A GERAÇÃO DE VALOR

Em que pese aos esforços da B3, que recentemente relançou o Bovespa Mais com menos exigências e mais facilidades, o fato é que ainda poucas empresas-alvo (pequenas e médias) lançam-se no mercado de capitais na busca por recursos, preferindo o mercado financeiro, com empréstimos e outros instrumentos de financiamento e expansão de suas atividades.

Nível Novo Mercado de governança

A organização que pretende aderir ao Novo Mercado deve se preparar, pois as exigências, além de cumulativas, são muito mais elevadas que as dos níveis anteriores. As empresas que listam seus papéis nesse segmento têm o respeito do mercado, que vê nelas uma disposição maior em relação às práticas comumente exigidas das demais empresas do mercado brasileiro. Se assim o fazem por vontade própria, sinalizam que a empresa e seus controladores veem nas boas práticas de governança corporativa não apenas uma obrigação, mas um diferencial aos olhos dos mercados.

Em contrapartida, o mercado costuma dar um prêmio adicional a esses papéis, valorizando-os mais que seus concorrentes. Nesse segmento é conhecida a máxima de que uma ação é igual a um voto, já que não se permite a adoção de ações preferenciais, que não dão direito a voto. Além das exigências já delineadas nos níveis 1 e 2, também pertinentes a esse segmento, a seguir destacamos algumas específicas do Novo Mercado, que fica no mais alto degrau das boas práticas de empresas de capital aberto no Brasil.

Para fazer parte do Novo Mercado, a empresa deve assinar um contrato no qual se compromete a usar um conjunto de regras societárias mais exigentes que o presente na legislação brasileira, além de complementá-lo com dispositivos regimentais e de boas práticas convencionados pelos mercados. Tivemos a oportunidade

GOVERNANÇA CORPORATIVA

de conhecer uma síntese desse conjunto de boas práticas de governança corporativa no capítulo 2.

Só podem ser emitidas ações ordinárias, isto é, com direito a voto, e cada ação só confere ao seu detentor o direito a um voto, diferentemente, por exemplo, do mercado americano, em que as ações do controlador podem lhe conferir o direito a mais de um voto por ação. Aliás, esse direito é usado por controladores de empresas como o Google e o Facebook, entre outras empresas bem conhecidas (com isso o(s) controlador(es) consegue(m) controlar a empresa com poucas ações).

Tag along de 100% a todos os acionistas, ou seja, quando o controlador quiser se desfazer de suas ações, os demais acionistas terão o direito de receber o mesmo valor por cada uma de suas ações. Repare que é o contrário do que acontece nos níveis inferiores, em que o bloco de controle geralmente tem um preço melhor por suas ações, justamente pelo fato de elas conferirem ao comprador o controle das decisões da empresa.

A seguir, no quadro 5, vemos um resumo comparativo das principais exigências e diferenças entre os níveis de governança 1, 2 e Novo Mercado B3.

Quadro 5
Resumo comparativo dos níveis 1, 2 e Novo Mercado B3

Critério	Novo Mercado	Nível 2	Nível 1	Tradicional
Características das ações emitidas	Permite a existência somente de ações ON.	Permite a existência de ações ON e PN (com direitos adicionais).	Permite a existência de ações ON e PN (conforme legislação).	Permite a existência de ações ON e PN (conforme legislação).
Percentual mínimo de ações em circulação (*free float*)	No mínimo 25% de *free float*.	No mínimo 25% de *free float*.	No mínimo 25% de *free float*.	Não há regra.
Distribuições públicas de ações	Esforços de dispersão acionária.	Esforços de dispersão acionária.	Esforços de dispersão acionária.	Não há regra.

▼

A GOVERNANÇA E A GERAÇÃO DE VALOR

Vedação a disposições estatutárias	Limitação de voto inferior a 5% do capital, quórum qualificado e "cláusulas pétreas".	Limitação de voto inferior a 5% do capital, quórum qualificado e "cláusulas pétreas".	Não há regra.	Não há regra.
Composição do conselho de administração	Mínimo de cinco membros, dos quais pelo menos 20% devem ser independentes com mandato unificado de até dois anos.	Mínimo de cinco membros, dos quais pelo menos 20% devem ser independentes com mandato unificado de até dois anos.	Mínimo de três membros (conforme legislação), com mandato unificado de até dois anos.	Mínimo de três membros (conforme legislação).
Vedação à acumulação de cargos	Presidente do conselho e diretor presidente ou principal executivo pela mesma pessoa (carência de três anos a partir da adesão).	Presidente do conselho e diretor presidente ou principal executivo pela mesma pessoa (carência de três anos a partir da adesão).	Presidente do conselho e diretor presidente ou principal executivo pela mesma pessoa (carência de três anos a partir da adesão).	Não há regra.
Obrigação do conselho de administração	Manifestação sobre qualquer oferta pública de aquisição de ações da companhia.	Manifestação sobre qualquer oferta pública de aquisição de ações da companhia.	Não há regra.	Não há regra.
Demonstrações financeiras	Traduzidas para o inglês.	Traduzidas para o inglês.	Conforme legislação.	Conforme legislação.
Reunião pública anual	Obrigatório.	Obrigatória.	Obrigatória.	Facultativa.
Calendário de eventos corporativos	Obrigatório.	Obrigatório.	Obrigatório.	Facultativo.
Divulgação adicional de informações	Política de negociação de valores mobiliários e código de conduta.	Política de negociação de valores mobiliários e código de conduta.	Política de negociação de valores mobiliários e código de conduta.	Não há regra.
Concessão de *tag along*	100% para ações ON.	100% para ações ON e PN.	80% para ações ON (conforme legislação).	80% para ações ON (conforme legislação).
Oferta pública de aquisição de ações no mínimo pelo valor econômico	Obrigatoriedade em caso de cancelamento de registro ou saída do segmento.	Obrigatoriedade em caso de cancelamento de registro ou saída do segmento.	Conforme legislação.	Conforme legislação.
Adesão à Câmara de Arbitragem do Mercado	Obrigatória.	Obrigatória.	Facultativa.	Facultativa.

Fonte: BM&F Bovespa (2017). Disponível em: <www.bmfbovespa.com.br/pt_br/listagem/acoes/segmentos-de-listagem/sobre-segmentos-de-listagem/>. Acesso em: nov. 2017.

GOVERNANÇA CORPORATIVA

O quadro 6 apresenta um resumo comparativo das principais exigências e diferenças entre os níveis Bovespa Mais e Novo Mercado B3.

Quadro 6
Resumo comparativo dos níveis Bovespa
Mais e Novo Mercado B3

Critérios	Bovespa Mais	Bovespa Mais Nível 2	Novo Mercado	Tradicional
Características das ações emitidas	Permite a existência somente de ações ON.	Permite a existência de ações ON e PN.	Permite a existência somente de ações ON.	Permite a existência de ações ON e PN (conforme legislação).
Percentual mínimo de ações em circulação (free float)	25% de free float até o sétimo ano de listagem.	25% de free float até o sétimo ano de listagem.	No mínimo 25% de free float.	Não há regra.
Distribuições públicas de ações	Não há regra.	Não há regra.	Esforços de dispersão acionária.	Não há regra.
Vedação a disposições estatutárias	Quórum qualificado e "cláusulas pétreas".	Quórum qualificado e "cláusulas pétreas".	Limitação de voto inferior a 5% do capital, quórum qualificado e "cláusulas pétreas".	Não há regra.
Composição do conselho de administração	Mínimo de três membros (conforme legislação), com mandato unificado de até dois anos.	Mínimo de três membros (conforme legislação), com mandato unificado de até dois anos.	Mínimo de cinco membros, dos quais pelo menos 20% devem ser independentes com mandato unificado de até dois anos.	Mínimo de três membros (conforme legislação).
Vedação à acumulação de cargos	Não há regra.	Não há regra.	Presidente do conselho e diretor presidente ou principal executivo pela mesma pessoa (carência de três anos a partir da adesão).	Não há regra.
Obrigação do conselho de administração	Não há regra.	Não há regra.	Manifestação sobre qualquer oferta pública de aquisição de ações da companhia.	Não há regra.
Demonstrações financeiras	Conforme legislação.	Conforme legislação.	Traduzidas para o inglês.	Conforme legislação.

▼

A GOVERNANÇA E A GERAÇÃO DE VALOR

Reunião pública anual	Facultativa.	Facultativa.	Obrigatória.	Facultativa.
Calendário de eventos corporativos	Obrigatório.	Obrigatório.	Obrigatório.	Facultativo.
Divulgação adicional de informações	Política de negociação de valores mobiliários.	Política de negociação de valores mobiliários.	Política de negociação de valores mobiliários e código de conduta.	Não há regra.
Concessão de *tag along*	100% para ações ON.	100% para ações ON e PN.	100% para ações ON.	80% para ações ON (conforme legislação).
Oferta pública de aquisição de ações no mínimo pelo valor econômico	Obrigatoriedade em caso de cancelamento de registro ou saída do segmento, exceto se houver migração para Novo Mercado.	Obrigatoriedade em caso de cancelamento de registro ou saída do segmento, exceto se houver migração para Novo Mercado ou Nível 2.	Obrigatoriedade em caso de cancelamento de registro ou saída do segmento.	Conforme legislação.
Adesão à Câmara de Arbitragem do Mercado	Obrigatória.	Obrigatória.	Obrigatória.	Facultativa.

Fonte: BM&F Bovespa (2017). Disponível em: <www.bmfbovespa.com.br/pt_br/listagem/acoes/segmentos-de-listagem/sobre-segmentos-de-listagem/>. Acesso em: nov. 2017.

O propósito deste capítulo final foi demonstrar que os mercados reconhecem as empresas que, além de possuírem uma estrutura de governança corporativa bem definida, adotam as boas práticas que vimos no capítulo 2, sempre respeitando os princípios e comportamentos éticos que garantem a perenidade do negócio. Empresas que agem com transparência, que deliberam atentas ao senso de justiça e equidade, prestam contas aos seus investidores e aos demais públicos da sociedade em que atua, e zelam por sua sustentabilidade, são mais seguras. Mais que isso, os trabalhadores desejam estar empregados nessas empresas. Os fornecedores desejam espaço no rol de supridores dessas empresas para homologarem seus produtos e serviços. Os credores se sentem seguros em financiar tais empresas. A comunidade reconhece a importância dessas empresas

GOVERNANÇA CORPORATIVA

para seu desenvolvimento. Por fim, os investidores desejam ter em suas carteiras ações de empresas com boa governança. Vimos também que os níveis de governança adotados pela B3 estimulam as empresas a buscar melhoria contínua em seus processos para elevar seu grau de atratividade de investimentos e valorizar-se no mercado. É a comprovação de que governança gera valor.

Conclusão

Encerramos a introdução deste livro com uma provocação reflexiva clássica: "Navegar é preciso. Viver não é preciso". Atribuímos essa citação a Francesco Petrarca, poeta italiano que viveu no século XIV. Entretanto, alguns pesquisadores afirmam que ele a extraiu da obra *Vida de Pompéu* do escritor romano Plutarco (108-48 a.C.). Na obra, o general romano Pompéu aguerria seus marinheiros gritando *"Navigare necesse! Vivere nonest necesse!"* – em latim, algo como "Navegar é necessário. Viver não é necessário". Essa é a razão da nossa opção por Petrarca: são frases semelhantes, mas, com significados bem diferentes. Plutarco usou "necessário" enquanto Petrarca usou "preciso", não no sentido de necessitar ou precisar, mas no sentido de precisão, de exatidão. Já se navegava com precisão na época de Petrarca, com bússolas e astrolábios.

Quase sete séculos se passaram desde Petrarca, pouco mais de quatro séculos se passaram desde a primeira companhia de navegação. Hoje navega-se com a precisão de computadores e satélites artificiais que deixariam boquiabertos Cristóvão, Pedro, Vasco, Bartolomeu e Fernão. As companhias do século XXI dispõem de um conjunto de *hardwares* e *softwares* que lhes fornece indicadores de desempenho, de qualidade e de risco com altíssima precisão. No mundo corporativo contemporâneo, não nos faltam ferramentas precisas, algoritmos precisos, legislações e regulamentos precisos.

GOVERNANÇA CORPORATIVA

Não é diferente no escopo em que se inseriu este livro. Na dimensão da governança corporativa, vimos que existem, além do composto legal, uma série de estruturas, modelos, princípios e ainda um arsenal de boas práticas que objetivam dar segurança – precisão – à "navegação" das companhias modernas.

Vimos modelos, arquitetura e boas práticas na primeira metade deste livro. Na segunda, percorremos os aspectos comportamentais que, se por um lado podem colocar em risco os objetivos da boa governança, por outro podem gerar valor e levá-la à perenidade que seus investidores e demais *stakeholders* tanto almejam. O que vai, leitor, separar o sucesso do fracasso não será a falta de precisão de um ou outro indicador, nem a falta de precisão de um ou outro relatório, tampouco a precisão de um número em uma célula de uma planilha eletrônica. Será, esteja certo disso, a ética nos relacionamentos da companhia com todos os seus públicos.

Nenhuma arquitetura ou modelo de governança, nenhuma lei, nenhum código de boas práticas será suficiente enquanto os investidores e administradores não se convencerem de que as empresas possuem uma razão social de existir que vai muito além do seu lucro contábil, tangível e de curto prazo. Enquanto não se derem conta de que as empresas devem ter como propósito a geração de valor, a geração de lucro econômico, intangível e de longo prazo para todos os seus *stakeholders*. Enquanto não perceberem que a ética, como a vida, não é precisa, mas necessária.

Referências

ALVES, Lauro Eduardo Soutello. Governança e cidadania empresarial. *Revista de Administração de Empresas*, São Paulo, v. 41, n. 4, p. 78-86, out./dez. 2001.

ANDRADE, Adriana; ROSSETTI, José Paschoal. *Governança corporativa*: fundamentos, desenvolvimento e tendências. São Paulo: Atlas, 2004.

BAZERMAN, Charles. Systems of genre and the enactment of social intentions. In: FREEDMAN, Aviva; MEDWAY, Peter (Ed.). *Genre and the new rethoric*. Londres: Taylor & Francis, 1994. p. 79-101.

CALAMANDREI, Piero. Estudios sobre el processo civil. Trad. Alexandre Corrêa. Buenos Aires: Ed. Bibliográfica Argentina, 1961.

CARVALHO FILHO, Milton Paulo. *Indenização por equidade no Novo Código Civil*. 2. ed. São Paulo: Atlas, 2003.

CATELLI, Armando. *Controladoria*: uma abordagem da gestão econômica Gecon. São Paulo: Atlas, 1999.

GARCIA, Félix Arthur. *Governança corporativa*. 2005. 41 f. Monografia (graduação em economia) – Instituto de Economia, Universidade Federal do Rio de Janeiro, 2005. Disponível em: <www.cvm.gov.br/export/sites/cvm/menu/acesso_informacao/serieshistoricas/trabalhos_academicos/anexos/Felix-_Arthur_C_Azevedo_Garcia-goc-corporativa.pdf>. Acesso em: nov. 2017.

GERSICK, K. E. et al. *De geração para geração*: ciclos de vida das empresas familiares. São Paulo: Negócio, 1997.

INSTITUTO BRASILEIRO DE GOVERNANÇA CORPORATIVA (IBGC). *Código das melhores práticas de governança corporativa*. 5. ed. São Paulo: IBGC, 2015.

JENSEN, Michael. *A theory of the firm*: governance, residual claims and organizational forms. Cambridge, MA: Harvard University Press, 2001.

KAHNEMAN, D. *Rápido e devagar*: duas formas de pensar. Rio de Janeiro: Objetiva, 2012.

_____; SLOVIC, Paul; TVERSKY, Amos (Ed.). *Judgment under uncertainty*: heuristics and biases. Cambridge: Cambridge University Press, 1988.

KAYO, E. K. *A estrutura de capital e o risco das empresas tangível e intangível-intensivas*: uma contribuição ao estudo da valoração de empresas. 2002. 110 f. Tese (doutorado em administração) – Faculdade de Economia, Administração e Contabilidade, Universidade de São Paulo, São Paulo, 2002. Disponível em: <www.teses.usp.br/teses/disponiveis/12/12139/tde-05032003-194338/pt-br.php>. Acesso em: dez. 2016.

LAGO, Luiz Aranha Corrêa. A retomada do crescimento e as distorções do "milagre": 1967-1973. In: ABREU, Marcelo Paiva (Org.). *A ordem do progresso*. Rio de Janeiro: Campus, 1989. p. 233-294.

LODI, João Bosco. *Governança corporativa*. Rio de janeiro: Elsevier, 2008.

MATTEDI, Leonardo Giubeti. Como a governança corporativa pode ajudar o fortalecimento do mercado de capitais brasileiro. 2006. 121 f. Dissertação (mestrado profissionalizante em administração e economia) – Faculdade de Economia e Finanças, Instituto Brasileiro de Mercado de Capitais, Rio de Janeiro, 2006.

NERY JÚNIOR, Nélson. *Princípios do processo civil à luz da Constituição Federal*. São Paulo: Revista dos Tribunais, 1999.

REFERÊNCIAS

PEREIRA, Anísio Cândido et al. A relevância do passivo oculto no *disclosure* da informação contábil. *Revista Álvares Penteado*, São Paulo, n. 6, p. 107-118, jun. 2001.

ROBBINS, S. P. *Administração*: mudanças e perspectivas. São Paulo: Saraiva, 2000.

ROSSONI, Luciano. Governança corporativa, legitimidade e desempenho das organizações listadas na Bovespa. 2009. 218 f. Tese (doutorado em administração) – Centro de Pesquisa e Pós-Graduação em Administração, Universidade Federal do Paraná, Curitiba, 2009. Disponível em: <http://dspace.c3sl.ufpr.br/dspace/bitstream/1884/24164/1/Tese%20%20Luciano%20Rossoni%20-%20Legitimidade%20e%20Governanca%20Bovespa.pdf>. Acesso em: out. 2016.

SCHEDLER, Andreas. Conceptualizing accountability. In: SCHEDLER, Andreas; DIAMOND, Larry; PLATTNER, Marc F. The self-restraining State: power and accountability in new democracies. Londres: Lynne Rienner, 1999. p. 13-28.

SHLEIFER, Andrei; VISHNY, Robert. A survey of corporate governance. *Journal of Finance*, v. 52, n. 2, p. 737-783, 1997.

SILVEIRA, Alexandre Di Miceli da. *Governança corporativa no Brasil e no mundo*: teoria e prática. Rio de janeiro: Elsevier, 2010.

SOLOMONS, David. Economic and accounting concepts of income. *The Accounting Review*, v. 36, n. 3, p. 374-383, jul. 1961. Disponível em: <www.jstor.org/stable/242868>. Acesso em: maio 2016.

SROUR, Gabriel. Práticas diferenciadas de governança corporativa. *Revista Brasileira de Economia (RBE)*, v. 59, n. 4, p. 635-674, out./dez. 2005. Disponível em: <www.scielo.br/pdf/rbe/v59n4/a06v59n4.pdf>. Acesso em: out. 2016.

STONER, L. A. F.; FREEMAN, R. E. *Administração*. 5. ed. Rio de Janeiro: Prentice Hall do Brasil, 1992. 533 p.

TVERSKY, Amos; KAHNEMAN, Daniel. Judgment under uncertainty: heuristics and biases. *Science*, v. 185, n. 4157, p. 1124-1131, set. 1974. New Series.

_____; _____. Rational choice and the framing of decisions. *Journal of Business*, v. 59, n. 4, p. S251-S278, 1986.

VICTÓRIA, Lia Beatriz Gomes. Governança corporativa: principais diferenças entre os modelos anglo-saxão e nipo-germânico. In: CONGRESSO DE INICIAÇÃO CIENTÍFICA, 16., 2007. São Paulo. *Anais...* São Paulo: Faculdade de Agronomia Eliseu Maciel, 2010. Disponível em: <www.ufpel.edu.br/cic/2007/cd/pdf/SA/SA_00876.pdf>. Acesso em: out. 2016.

Autores

Rubens Mazzali

Especialista em economia de empresas e graduado em ciências econômicas pela Pontifícia Universidade Católica de Campinas. Professor de governança corporativa, visão sistêmica e processo decisório, e gestão de negócios sustentáveis nos programas de MBA da Fundação Getulio Vargas. Atua há 17 anos como conselheiro independente de empresas. Foi presidente do Comitê de Sustentabilidade da American Chamber of Commerce for Brazil e economista chefe do Escritório de Sustentabilidade Estratégica do Instituto Superior de Administração e Economia do Mercosul (FGV). Autor e coordenador do livro *Gestão de negócios sustentáveis*.

Carlos Alberto Ercolin

Doutor pela Universidade Nacional de Misiones – UNaM (Argentina), mestre, administrador e MBA pela Faculdade de Economia, Administração e Contabilidade da Universidade de São Paulo (FEA/USP). Professor convidado em vários programas de pós-graduação e escolas de negócio (no Brasil, na Argentina e Região do Caribe). Coordenador da Associação Nacional dos Executivos de

Finanças, Administração e Contabilidade do Paraná (Anefac-PR) e do Instituto Brasileiro de Governança Corporativa no mesmo estado (IBGC-PR). Autor de diversos livros e artigos sobre temas de economia, finanças e governança corporativa. Foi consultor sênior do Banco Mundial/International Finance Corporation (IFC) em governança corporativa e atua, há mais de 15 anos, nos temas de governança corporativa/cooperativa e finanças empresariais. É conselheiro independente de empresas.

Este livro foi impresso nas oficinas gráficas da Editora Vozes Ltda.,
Rua Frei Luís, 100 – Petrópolis, RJ.